PASAULINĖ KELIONĖ SU ANT ANT GROTELIŲ KEPTŲ SŪRIO SUMUŠTINIŲ

100 nuostabių ir skanių sumuštinių su ant grotelių sūriu receptų, kuriuos galite pasigaminti namuose

Dalia Kavaliauskienė

Visos teisės saugomos.

Atsisakymas

Šioje el. knygoje pateikta informacija turi būti visapusiškas strategijų, apie kurias šios el. knygos autorius atliko tyrimą, rinkinys. Santraukos, strategijos, patarimai ir gudrybės yra tik autoriaus rekomendacijos, o šios el. knygos skaitymas negarantuoja, kad rezultatai tiksliai atspindės autoriaus rezultatus. El. knygos autorius dėjo visas pagrįstas pastangas, kad pateiktų naujausią ir tikslią informaciją el. knygos skaitytojams. Autorius ir jo partneriai neprisiima atsakomybės už bet kokias netyčines klaidas ar praleidimus. El. knygos medžiagoje gali būti trečiųjų šalių informacijos. Trečiųjų šalių medžiagą sudaro jų savininkų nuomonė. Todėl el. knygos autorius neprisiima atsakomybės už bet kokią trečiųjų šalių medžiagą ar nuomones.

El. knygos autorių teisės priklauso © 2021, visos teisės saugomos. Draudžiama perskirstyti, kopijuoti arba kurti išvestinį darbą iš šios el. knygos visos ar jos dalies. Jokia šios ataskaitos dalis negali būti atgaminta ar perduota bet kokia forma be raštiško ir pasirašyto autoriaus leidimo.

TURINYS

TURINYS 3
ĮVADAS 7

KODĖL MES VISI MĖGSTAME ANT GROTELIŲ KEPTO SŪRIO SUMUŠTINĮ 7
ANT GROTELIŲ KEPTO SŪRIO SUMUŠTINIŲ GAMINIMAS 9
SŪRIO PASIRINKIMAS 10

KEPTAS SŪRIS 16

1. RICOTTA GRANOLA CRUMBLE ANT GROTELIŲ KEPTAS SŪRIS 17
2. LAZANIJA ANT GROTELIŲ KEPTAS SŪRIS 20
3. ITALIŠKAS KLASIKINIS ANT GROTELIŲ KEPTAS SŪRIS 23
4. VIDURŽEMIO JŪROS KOTLETŲ SŪRIS ANT GROTELIŲ 27
5. ANT GROTELIŲ KEPTAS ŠPINATŲ PESTO IR AVOKADO SŪRIS 30
6. BRAŠKIŲ BAZILIKŲ PROSCIUTTO ANT GROTELIŲ KEPTAS SŪRIS 33
7. RIKOTOS SVIESTAS IR UOGIENĖS KEPTAS SŪRIS 35
8. BUFFALO VIŠTIENOS ANT GROTELIŲ KEPTAS SŪRIS 37
9. DARŽOVIŲ PICA KEPTAS SŪRIS 40
10. ANT GROTELIŲ KEPTAS VIŠTIENOS IR VAFLIŲ SŪRIS 44
11. ANT GROTELIŲ KEPTAS CHEDDAR & SOURDOUGH SŪRIS 47
12. ANT GROTELIŲ KEPTO SŪRIO SUMUŠTINIS 50
13. ŠPINATAI IR KRAPAI ANT DUONOS 52
14. ANT GROTELIŲ KEPTAS DŽEKAS ANT RUGIŲ SU GARSTYČIOMIS 55
15. RADICCHIO & ROQUEFORT ANT PAIN AU LEVAIN 58
16. ČESNAKU KEPTAS SŪRIS ANT RUGIŲ 61
17. BRITIŠKAS LYDYTAS SŪRIS IR MARINATAS 64
18. ŠVIEŽIA MOCARELA, PROSCIUTTO IR FIGŲ UOGIENĖ 66
19. RETAS JAUTIENOS KEPSNYS SU MĖLYNUOJU SŪRIU 69
20. RAUDONASIS LESTERIS SU SVOGŪNAIS 71
21. ŠPINATAI IR KRAPAI ANT DUONOS 74
22. ANT GROTELIŲ KEPTAS ČEDERIO IR KRAPŲ MARINUOTAS AGURKAS 77

23.	SPECIALUS HARRY'S BAR	79
24.	CROSTINI ALLA CARNEVALE	82
25.	BRUSCHETTA IŠ ALYVUOGIŲ	85
26.	CASSE CROÛTE IŠ MĖLYNOJO SŪRIO IR GRUYÈRE	88
27.	TRAŠKUS TRIUFELIŲ KOMTÉ SU JUODOSIOMIS VOVERAITĖMIS	91
28.	OŽKOS SŪRIO SKREBUČIAI SU PRIESKONIAIS	95
29.	ROKFORO SUMUŠTINIAI IR BUROKĖLIŲ MARMELADAS	98
30.	BOCADILLO IŠ IBISOS SALOS	102
31.	KLUBO ANT GROTELIŲ KEPTAS SUMUŠTINIS	106
32.	VELSO RETAS SU VIRTU KIAUŠINIU	110
33.	ANT GROTELIŲ KEPTAS KUMPIS, SŪRIS IR ANANASAI	113
34.	KARŠTA MUFFALETTA	116
35.	KUBIETIŠKAS SUMUŠTINIS	120
36.	PARYŽIETIŠKAS ANT GROTELIŲ KEPTAS SŪRIS	124
37.	BOCADILLO IŠ IBISOS SALOS	126
38.	POMIDORŲ IR MAHONO SŪRIS ANT ALYVUOGIŲ DUONOS	129
39.	SUMUŠTINIS SU EMMENTALERIU IR KRIAUŠE	132
40.	ANT GROTELIŲ KEPTAS PUMPERNICKEL IR GOUDA	135
41.	MAHON SŪRIS ANT JUODŲJŲ ALYVUOGIŲ DUONOS	138
42.	RŪKYTA KALAKUTIENA, TALEGGIO IR GORGONZOLA	141
43.	IŠTIRPĘS JARLSBERGAS ANT SOURDOUGH	144
44.	VIŠTIENOS TORTAS, QUESO FRESCO IR GOUDA	147
45.	PANINI IŠ BAKLAŽANŲ PARMIGIANA	151
46.	ANT GROTELIŲ KEPTI BAKLAŽANAI IR CHAUMES,	155
47.	GRYBAI IR LYDYTAS SŪRIS ANT PAIN AU LEVAIN	160
48.	SICILIETIŠKAS SŪRIS SU KAPARĖLIAIS IR ARTIŠOKAIS	164
49.	SCALOPPINE & PESTO SUMUŠTINIS	167
50.	QUESADILLAS, PIADINE IR PITA SUMUŠTINIAI	171
51.	MOCARELA, BAZILIKAS PIADINAS	174
52.	KESADILIJOS ANT MOLIŪGŲ TORTILIJŲ	177
53.	PEPPERONI, PROVOLONE IR PECORINO PITA!	182
54.	ANT GROTELIŲ KEPTOS AVIŲ SŪRIO KESADILIJOS	185
55.	ANT GROTELIŲ KEPTAS ČEDERIS, ČATNIS IR DEŠRA	188
56.	PROSCIUTTO IR TALEGGIO SU FIGOMIS ANT MESCLUN	191

57. Fontina su rukola, mizuna ir kriaušėmis 195
58. Chèvre sumuštiniai salotose 199
59. Sumuštiniai Halloumi sumuštiniai su laime 202
60. Triufelių skrebučiai ir rukolos salotos 205
61. Skrudinta duona su braškėmis ir grietinėlės sūriu 208
62. Duonos pudingo sumuštiniai 212
63. Grūdų ir sūrio mėsainis 217
64. Juodasis angus mėsainis su čederio sūriu 220
65. Ant grotelių kepto amerikietiško sūrio ir pomidorų sumuštinis 223
66. Ant grotelių keptas obuolys ir sūris 225
67. Ant grotelių kepti baklažanų ir sūrio siuntiniai 228
68. Ant grotelių kepti mėlynojo pelėsinio sūrio sumuštiniai su graikiniais riešutais 231
69. Ant grotelių kepti čederio sūrio ir kumpio sumuštiniai ... 234
70. Vakarėlis Ant grotelių keptas sūris ir šoninė 237
71. Ant grotelių kepto sūrio bruschetta 239
72. Ant grotelių kepto sūrio burbuliukai 242
73. Ant grotelių keptas sūris prancūziškuose skrebučiuose . 244
74. Ant grotelių keptas sūrio kepalas 246
75. Ant grotelių kepto sūrio sumuštinių pyragas 248
76. Ant grotelių keptas sūris su artišokais 251
77. Ant grotelių keptas sūris su olivada 254
78. Ant grotelių keptas sūris su rūkyta kalakutiena ir avokadu 256
79. Ant grotelių kepta vištiena ant ožkos sūrio skrebučio ... 259
80. Ant grotelių kepto sūrio-čipoto sumuštinis 262
83. Ant grotelių keptos dvigubo sūrio įdaru vištienos krūtinėlės 265
84. Ant grotelių kepta jautienos filė su pelėsiniu sūriu 268
85. Ant grotelių kepti vaiduoklio ir moliūgo sūrio sumuštiniai .. 272
86. Ant grotelių keptas ožkos sūris šviežiuose vynuogių lapuose 276
87. Itališkas ant grotelių keptas sūris 279
88. Atviro paviršiaus sūrio ir pomidorų sumuštinis 281

89. Raugas, pomidoras, raudonasis ir mėlynasis sūris 283
90. Portobello Po'Boys 286
91. Nešvarūs Bulgur sumuštiniai 289
92. Muffaletta sumuštiniai 292

GARNYRAI 295

93. Pomidorų sriuba 296
94. Cukinijų ir vasarinių moliūgų duona 300
95. Saldžiarūgščiai kepti pipirai 303
96. Chutney-curry garstyčios 306
97. Garstyčios su askaloniniais česnakais ir česnakais 308
98. Šviežios imbierinės garstyčios 310
99. Saulės mirkytos garstyčios su citrusiniais vaisiais 312
100. Provanso garstyčios su raudonaisiais pipirais ir česnaku 314

IŠVADA 316

ĮVADAS

Kodėl mes visi mėgstame ant grotelių kepto sūrio sumuštinį

Traškiai paskrudę keptuvėje arba iškepti atviru veidu iki ištirpusio čiurlenimo – yra keletas dalykų, kurie vilioja labiau nei sumuštinis su ant grotelių keptu sūriu.

Aukso rudos spalvos skrebučiai traška išorėje, kai juos įkandate, todėl gaunamas minkštas, karštas, tirštas sūris. Gauni malonumo antplūdis ir drebulys nuo to, kas uždrausta ir pažįstama: tas sviestinis žemiškos duonos traškumas su tirpstančio šilto sūrio sluoksniu. Sūris ir sviestu patepti skrebučiai šiais laikais gali būti dietinė prabanga, galbūt kai kuriems net tabu; tačiau ant grotelių kepti sūrio sumuštiniai yra kulinarinis komforto antklodės atitikmuo. Ant grotelių kepto sūrio sumuštinis tikriausiai yra tai, kuo jus maitino mama, mokykla ir vaikystė. Ir tai gali būti tuo, kuo maitinate save ir artimus draugus bei šeimą, bent retkarčiais.

Ant grotelių kepti sūrio sumuštiniai gali būti vienas iš paprasčiausių gaminių, kuriuos galite pagaminti beveik bet kurią valandą iš ingredientų, esančių jūsų virtuvėje, greičiau nei per kelias minutes.

Pusryčiai, pietūs, vakarienė, po pamokų ar vidurnakčio užkandžiai... – visa tai puikus laikas sumuštiniams ant grotelių kepto sūrio.

Ant grotelių kepto sūrio sumuštinių gaminimas
Jums tikrai nereikia specialių smulkmenų, nors yra ir tokių, kurios sukuria traškumą išorėje su lydytu sūriu viduje. Yra presų, kuriais išspaudžiami riebūs suktinukai, puikiai tinka itališkiems panini, kubietiškiems sumuštiniams, bokadijoms ir paprastam senam ant grotelių keptam sūriui. Ir yra sumuštinių kepimo aparatai, kurie suspaudžia išorinius duonos kraštus sandariai, sandariai, oi taip stipriai, kad apgaubtų išlydytą karštą lydytą sūrį. (Pastarieji buvo labai populiarūs Didžiojoje Britanijoje šeštajame dešimtmetyje – man sakoma, kad nebuvo namų be jų.) Bet iš tiesų, gera sunki keptuvė – pageidautina nelipni – puikiai tinka keptuvėje keptiems sūrio sumuštiniams ir broileriui. puikiai tinka atviro veido žmonėms.

Nors ant grotelių kepti sūrio sumuštiniai gali būti tik keptuvėje skrudinta duona ir sūris, šiek tiek pagražinus juos perkeliama į visiškai kitą plotmę: stimuliuoja, jaudina, drįsčiau sakyti, jaudina?

Mažai kas gali atsispirti tokiai traškiai, auksinei, trykštaiai pagundai; Žinau, kad niekada negaliu.

Sūrio pasirinkimas

Pagrindinis sūrio pasirinkimo kriterijus yra tai, ar jis tirpsta, ar ne.

Ne visi sūriai tirpsta. Ispaniški sūriai, tokie kaip panela, netirpsta; nei kipriečio anari, halloumi ar itališko kalnų sūrio, tokio, kokį kažkada valgiau Asyžiuje, keptą ant atviros ugnies. Tokie sūriai skanūs patiekiami šnypščiantys patys, bet nenaudingi sumuštiniuose su ant grotelių keptu sūriu.

Kita vertus, labai kreminiai sūriai, subtilaus skonio, minkšti ir aksominės tekstūros, jau beveik tirpsta. Ant grotelių kepto sūrio sumuštinio jie neišsaugo savo charakterio ir vientisumo. Derinkite juos su kitu kietesniu, tvirtesniu ir švelnesniu sūriu.

Dauguma kietų pjaustomų sūrių yra žvėriena, skirta kepti ant grotelių ir gali būti naudojami pakaitomis su kitais panašaus pobūdžio sūriais.

Kad būtų lengviau išsirinkti, čia yra mažas sūrio rūšių vadovas, suskirstytas pagal skonį ir tekstūrą.

- A. NEBRANDINTI SŪRIAI nevyksta brandinimo proceso. Tai varškė, grietinėlės sūris, maskarponė, minkštas ožkos sūris, fromage blanc, kvarkas, indiškas panir, Robiola, ispaniškas ir ispaniškas Requeson, ricotta arba paprastas jogurto sūris, labna. Jie yra švelnūs, pieniški ir minkšti; jei naudojami ant grotelių kepto sūrio sumuštiniuose, jie linkę nevaldomai bėgti, todėl juos reikia derinti su kietesniu ir tvirtesniu sūriu.

B. Kita vertus, FRESH MOZZARELLA buvo sukurta taip, kad ištirptų viliojančiose kramtomosiose virvelėse, picos stiliaus. Puikiai dera su pomidorais, česnakais ir itališkais skoniais, taip pat su meksikietiška salsa arba su indiško kario prieskoniais.

C. FETA SŪRIS – tai pusiau šviežias sūris, gaminamas iš presuotos varškės; jis iš dalies tirpsta ir yra skanus sumuštiniuose su ant grotelių keptu sūriu, kai derinamas su kitais labiau tirpstančiais sūriais, tokiais kaip Džekas ar mocarela.

D. DVIGUBAI IR TRIVIEJI CRÈME SŪRIAI yra labai praturtinti grietinėle. Ant grotelių keptų sūrio sumuštinių geriausia juos tiesiog sluoksniuoti ant karštų skrudinta duona ir leisti švelniai ištirpti nuo skrudinimo karščio, o ne virti keptuvėje.

E. ŠVELNUS, ŠVELNUS IR LENGVAI LYDYMAS sūriai yra švelnaus skonio, švelniai elastingi ir pusiau kietos tekstūros. Sąraše yra olandų Edamas ir Gouda, ispanų menonita ir Asadero, Bel Paese, Miunsteris ir vietinės arba daniškos. „Provolone", „Provatura" ir „Scamorza" yra švelnūs itališki sūriai, dažnai gaminami kaip klasikinis romėnų ant grotelių keptas sūris: dedami ant duonos, ant viršaus užberkite ančiuvių ar du, tada kepkite, kol paruduos.
F. MINKŠTIEMS, BRANDINTI SKONIAUS SŪRIAI apima Reblochon, Tommes, Chaumes ir Tomme de Montagne, taip pat vienuolyno sūrius. Per šimtmečius sukurti Europos vienuolynuose, įskaitant Port Salut, Saint Paulin, Esrom, Tilsit ir Havarti. Jie yra turtingi ir subtilūs; kai kurie, pavyzdžiui, Taleggio ir visa Stracchino šeima, patenka į gana turtingą ir vis tiek dvokiančių, nors ir skanių, kategoriją.
G. ŠVEICARiško stiliaus sūriai paprastai turi kietą kietą žievelę, o viduje yra skylučių, kurias sukelia sūrio varškės dujų išsiplėtimas brandinimo laikotarpiu.

H. KIRTIEJI, VISO skonio SŪRIAI yra auksiniai ir kvapnūs, tačiau nedvokiantys; šie sūriai skaniai tirpsta. Tai gali būti karvės, ožkos ar avies pienas arba visų trijų derinys. Ispaniškas manchego, medium Asiago, Mahon, sendintas Gouda, Idiazabal, Ossau Iraty Brebis, itališkas fontina, caciocavallo, Montasio, tomme de Savoie ir Ig Vella puikūs mezzo secco arba iš dalies pasenę Sonoma Jack – visi verti dėmesio.

I. ČEDARIO SŪRIAI yra vieni plačiausiai gaminamų sūrių pasaulyje. Puikus sūrio pavyzdys bus tvirtos tekstūros, skaidraus, švelnaus skonio. Jaunas Čedaras yra švelnus, minkštas ir šiek tiek guminis; bręsdamas įgauna aštrų ir aštrų sąkandį bei sauso trapumo elementą.

J. ANGLIŠKI SŪRIAI, tokie kaip Glosteris, Češyras, Lesteris, Lankašyras, Derbis, Vensleydeilas ir Kerfilis, priklauso Čederių šeimai. Tačiau „Wensleydale" ir „Caerphilly" yra aštresni ir traškesni, mažiau tirpsta (derinkite juos su kreminiu sūriu, skirtu ant grotelių kepto sūrio sumuštiniams).

K. YPATINGI SŪRIAI, tokie kaip parmezanas, brandintas Asiago, locatelli Romano, pecorino (pagamintas iš avies pieno), kalnų sūriai iš Graikijos salų, tokie kaip kofalotiri, grana, sausas Jack, Sbrinz, Cotija ir Enchilado, yra žinomi dėl savo išskirtinių savybių. kieta tekstūra ir stiprus, aštrus skonis. Kai kurie, pavyzdžiui, parmezanas, turi šiek tiek riešutų skonį. Dauguma šių sūrių turi būti smulkiai sutarkuoti arba nuskusti, kad būtų optimalus lydymasis.

L. MĖLYNŲJŲ SŪRIŲ SŪRIAI pasižymi mėlynos, melsvai žalios arba žalios gyslų minkštimu, taip pat aštriais aromatais ir aštriais skoniais

M. ŽYDINGI AR ŽYDINGI SŪRIAI, tokie kaip Camembert, Brie, Coulommiers ir Affinois/pavé d'Affinois, taip pavadinti dėl šviesios, pūkuotos baltos žievės, kuri auga ant jų paviršių, nes jie buvo apdoroti Penicillium kandidatų sporomis. Šių sūrių vidus turi būti minkštas, šieno arba sodrios grietinėlės spalvos.

N. OŽKŲ IR AVIŲ SŪRIAI savo skoniu labai skiriasi nuo karvės pieno sūrių. Apskritai jie turi tvarto dvelksmą. Jie gali būti švieži ir aštrūs arba suformuoti ir sendinti iki įvairių formų ir dydžių.

O. Prieskoniai ARBA SKATINTI SŪRIAI ant sūrio lentos gali būti ryškūs ir vulgarūs, tačiau tobulai ištirpsta tarp duonos viršelių.

P. RŪKYTI SŪRIAI gali būti bet kokie sūriai, apdoroti medienos dūmais. Provolone ir mocarela puikiai tinka rūkyti (ir ypač tinka sumuštiniams su karamelizuotu svogūnu trupučiu balzamiko acto).

Q. STIPRIAI KVAPANTYS SŪRIAI, tokie kaip Limburgeris, dvokiantis Bishop, Maroilles, Livarot, Pont l'Eveque ir Epoisses, gali būti ne kiekvieno ant grotelių kepto sūrio sumuštinio priedas, bet įterpiami tarp plonų juodo pumpernikelio gabalėlių su popieriniais plonais sūrio griežinėliais. svogūną arba sluoksniuoti ant skrudinto batono.

R. PERDIRBTAS SŪRIS paprastai gaminamas iš vieno ar dviejų skirtingų sūrių rūšių, sumaišytų, po to susukamas ir kaitinamas. Dėl to sustabdomas jo nokimo procesas. Jis niekada negali išsiugdyti individualaus charakterio, nes apdorojant prarandami mikroorganizmai, kurie sukuria tokius dalykus.

KEPTAS SŪRIS

1. Ricotta Granola Crumble ant grotelių keptas sūris

Ingridientai:

- 15 uncijų. Rikota
- 4 kiaušiniai
- 1/2 stiklinės pieno
- 8 griežinėliai pancetta
- 1 mažas raudonasis svogūnas, supjaustytas plonais griežinėliais
- 5 valgomieji šaukštai minkšto sviesto, padalinti
- 1/2 puodelio rudojo cukraus
- 2 puodeliai granolos
- 8 riekelės cinamono sūkurinės duonos

Kryptys:

a) Kiaušinius išplakite su pienu ir atidėkite.

b) Įdėkite pancetta į įkaitintą keptuvę ir kepkite ant vidutinės ugnies iki traškumo. Išimkite ir atidėkite į šalį.

c) Sudėkite svogūnus į įkaitintą keptuvę su 1 šaukštu sviesto. Kai svogūnai pradės virti, suberkite rudąjį cukrų ir kepkite, kol suminkštės.

d) Į dubenį supilkite granolą ir padėkite šalia kiaušinių dubens.

e) Išdėliokite duonos riekeles ir vieną kiekvienos riekelės pusę ištepkite sviestu, iš viso naudodami 2 šaukštus sviesto. Sviestu nepateptą pusę užtepkite storu rikotos sluoksniu.

f) Rikotą uždenkite svogūnais ir pancetta ir uždenkite likusia duonos rieke. Uždarę visą sumuštinį pamerkite į kiaušinių mišinį ir supilkite į granolą, kad iš visų pusių pasidengtų.

g) Įkaitinkite nepridegančią keptuvę ir ant silpnos arba vidutinės ugnies ištirpinkite 2 šaukštus sviesto. Kai sviestas ištirps, sudėkite sumuštinį ir kepkite maždaug 90 sekundžių, spausdami mentele. Apverskite ir pakartokite, kol taps traškūs. Išimkite, supjaustykite ir patiekite.

2. Lazanija ant grotelių keptas sūris

Ingridientai:

- 16 oz. Mocarela, supjaustyta
- 15 uncijų. Rikota
- 2 valgomieji šaukštai tarkuoto parmezano, padalinti 1/2 arbatinio šaukštelio juodųjų pipirų
- 1 arbatinis šaukštelis šviežio česnako, susmulkinto
- 16 oz. Malta jautiena
- 1 valgomasis šaukštas šviežio baziliko, sumaišytas
- 8 riekelės itališkos duonos
- 2 Valgomieji šaukštai minkšto sviesto
- 1 arbatinis šaukštelis česnako miltelių
- 16 oz. pomidorų padažas, padalintas

Kryptys;

a) Dubenyje sumaišykite rikotą, 1 valgomąjį šaukštą parmezano, juodųjų pipirų, česnako ir baziliko. Atidėti.

b) Įkaitinkite didelę keptuvę ant vidutinės-stiprios ugnies. Kepkite ir maišykite maltą jautieną, kol ji visiškai apskrus, maždaug 7–10 minučių.

c) Išklokite duoną, vieną pusę patepkite sviestu ir pabarstykite česnako milteliais bei likusiu parmezanu.

d) Ant sviestu nepateptos 4 gabalėlių pusės paskleiskite rikotos mišinį (apie 1-2 šaukštus ant kiekvieno gabalo). Ant rikotos sluoksniuokite virtą maltą jautieną, o po to mocarelos griežinėlius. Ant likusių 4 gabalėlių užtepkite 1-2 šaukštus pomidorų padažo ir uždėkite ant mocarelos, kad uždengtumėte sumuštinius.

e) Perkelkite į įkaitintą keptuvę ant vidutinės ugnies ir kepkite maždaug 90 sekundžių, spausdami mentele. Apverskite ir kartokite, kol sūris išsilydys ir taps aukso rudos spalvos.

f) Išimkite, supjaustykite ir patiekite su likusiu pomidorų padažu, kad panardintumėte arba uždengtumėte sumuštinį.

3. Itališkas klasikinis ant grotelių keptas sūris

Ingridientai:

- 16 oz. Mocarela, supjaustyta
- 2 valgomieji šaukštai tarkuoto parmezano
- 4 dešros paplotėliai
- 1 žalia paprika, supjaustyta plonais griežinėliais
- 1 raudona paprika, supjaustyta plonais griežinėliais
- 1 nedidelis svogūnas, supjaustytas plonais griežinėliais
- 1/4 puodelio alyvuogių aliejaus
- 3/4 arbatinių šaukštelių česnako miltelių
- 8 riekelės itališkos duonos
- 2 Valgomieji šaukštai minkšto sviesto

Kryptys;

a) Kepkite dešros pyragus iki 165 laipsnių F vidinės temperatūros ant grotelių arba keptuvėje.

b) Ant kepimo skardos išdėliokite griežinėliais supjaustytas paprikas ir svogūnus. Lengvai aptepkite aliejumi ir pabarstykite česnako milteliais. Kepkite 375 laipsnių F temperatūroje 10 minučių, kol suminkštės.

c) Išdėliokite duonos riekeles ir vieną pusę patepkite sviestu. Sviestu išteptą pusę pagardinkite česnako milteliais ir parmezanu.

d) Ant sviestu nepateptos pusės sluoksniuokite mocarelos griežinėlį, dešros paplotėlį, paprikas ir svogūnus ir užbaikite daugiau mocarelos.

e) Uždarykite sumuštinį ir padėkite į nelipnią keptuvę ant vidutinės ugnies. Virkite maždaug minutę, spausdami mentele.

f) Apverskite ir kartokite, kol sūris išsilydys ir taps aukso rudos spalvos. Išimkite, supjaustykite ir patiekite.

4. Viduržemio jūros kotletų sūris ant grotelių

Ingridientai:

- 16 oz. Mocarela, supjaustyta
- 15 uncijų. Rikota
- 2 valgomieji šaukštai parmezano, padalinti
- 8 riekelės itališkos duonos, supjaustytos storai
- 2 Valgomieji šaukštai minkšto sviesto
- 16 oz. pomidorų padažas
- 4 uncijos. pesto padažas arba 12-16 šviežių baziliko lapelių, sumaišytų su 1/4 puodelio alyvuogių aliejaus
- 2 šakelės šviežios mėtų (apie 12-16 lapelių), susmulkintos
- 8-2 uncijos. šaldyti kotletai (virti), supjaustyti

Kryptys;

a) Išdėliokite duonos riekeles. Vieną kiekvienos pusės pusę ištepkite sviestu, o ant sviestinės pusės pabarstykite 1 valgomąjį šaukštą parmezano.

b) Apverskite, o sviestu nepateptas puses aptepkite pomidorų padažu ir storu sluoksniu rikotos sūrio. Užtepkite pesto ant sūrio, tada supjaustykite mėtą ir likusį parmezaną. Toliau sluoksniuokite mėsos kukulių griežinėlius ir ant viršaus uždėkite mocarelos.

c) Uždarykite sumuštinį ir perkelkite į vidutiniškai įkaitintą nepridegančią keptuvę. Kepkite maždaug 90 sekundžių, spausdami mentele. Apverskite ir kartokite, kol sūris išsilydys ir taps aukso rudos spalvos. Išimkite, supjaustykite ir patiekite.

5. Ant grotelių keptas špinatų pesto ir avokado sūris

Ingridientai:

- 16 oz. Mocarela, supjaustyta
- 15 uncijų. Rikota
- 1 valgomasis šaukštas parmezano, tarkuoto
- 2 valgomieji šaukštai šviežio baziliko, smulkiai pjaustytų
- 8 riekelės marmurinės ruginės duonos
- 2 Valgomieji šaukštai minkšto sviesto
- 1-8 uncijos. pakuoti šaldytus špinatus, atšildytus ir nusausintus
- 2 avokadai (prinokę), be kauliukų ir supjaustyti griežinėliais

Kryptys:

a) Mažame dubenyje sumaišykite rikotą, pesto ir parmezano sūrį ir maišykite šakute, kol susimaišys. Sulenkite, kad rikota būtų ypač puri. Atidėti.

b) Išdėliokite duonos riekeles ir vieną kiekvieno gabalėlio pusę ištepkite sviestu.

c) Ištepkite 1-2 šaukštus rikotos mišinio ant sviestu nepateptos 4 riekelių pusės.

d) Sulaužykite špinatus ir išdėliokite ant rikotos pusės, po to – avokadą ir mocarelą.

e) Uždarykite sumuštinį ir padėkite į vidutiniškai įkaitintą keptuvę. Kepkite maždaug 90 sekundžių, spausdami mentele. Apverskite ir kartokite, kol sūris išsilydys ir taps aukso rudos spalvos. Išimkite, supjaustykite ir patiekite.

6. Braškių bazilikų Prosciutto ant grotelių keptas sūris

Ingridientai:

- 12 uncijų. Šviežia mocarela, supjaustyta
- 8 riekelės baltos duonos, supjaustytos storai
- 2 Valgomieji šaukštai minkšto sviesto
- 8 šviežios braškės (vidutinės arba didelės), supjaustytos plonais griežinėliais
- 12 šviežių baziliko lapelių, sveikų
- 8 griežinėliai prosciutto, supjaustyti plonai
- 2 uncijos. balzaminis glajus

Kryptys;

a) Iš kiekvienos pusės išdėliokite duonos riekeles ir sviestą.

b) Ant sviesto nepateptos pusės sluoksniuokite šviežią mocarelą, braškes, baziliko lapelius ir prosciutto. Aptepkite balzamiko glaistu; ant viršaus uždėkite likusią duoną ir perkelkite į įkaitintą nepridegančią keptuvę. Virkite maždaug minutę, spausdami mentele. Apverskite ir pakartokite iki auksinės rudos spalvos.

c) Išimkite, jei norite, apšlakstykite papildomu balzamiko glaistu, supjaustykite ir patiekite.

7. Rikotos sviestas ir uogienės keptas sūris

Ingridientai:

- 15 uncijų. Rikota
- 4 valgomieji šaukštai migdolų sviesto
- 2 arbatinius šaukštelius medaus
- 12 griežinėlių pancetta (galima pakeisti šoninę)
- 8 riekelės baltos duonos, supjaustytos storai
- 2 Valgomieji šaukštai minkšto sviesto
- 8 šaukštai braškių uogienės arba želė

Kryptys

a) Mažame dubenyje sumaišykite migdolų sviestą, medų ir rikotą. Atidėti.

b) Kepkite pancetta iki traškios.

c) Išdėliokite duonos riekeles ir vieną kiekvieno gabalėlio pusę ištepkite sviestu. Apverskite duoną, o ant sviesto nepažeistos pusės paskleiskite rikotos/migdolų sviesto mišinį, po to želė/uogienę, tada pancetta.

d) Uždarykite sumuštinį ir perkelkite į įkaitintą keptuvę ant mažos arba vidutinės ugnies.

e) Kepkite maždaug 90 sekundžių, spausdami mentele Apverskite ir pakartokite iki auksinės rudos spalvos. Išimkite, supjaustykite ir patiekite.

8. Buffalo vištienos ant grotelių keptas sūris

Ingridientai:

- 16 oz. Mocarela, supjaustyta
- 4-4 uncijos. vištienos krūtinėlė be kaulų, supjaustyta 1/4 stiklinės augalinio aliejaus 1/2 stiklinės karšto padažo
- 1 saliero stiebas, mažas
- 1 morka, maža
- 8 riekelės baltos duonos
- 2 Valgomieji šaukštai minkšto sviesto
- 1 puodelis pelėsinio sūrio užpilo

Kryptys

a) Išdėliokite vištieną ant lėkštės. Iš abiejų pusių aptepkite aliejumi ir dėkite ant įkaitintos kepsninės arba grilio keptuvės. Kepkite iki 165 laipsnių F vidinės temperatūros, apytiksliai. 3 minutes iš kiekvienos pusės. Nuimkite nuo grotelių ir sudėkite į karštą padažą. Atidėti.

b) Salierą supjaustykite mažais gabalėliais. Morkas nulupkite ir nuskuskite trintuvu.

c) Paimkite 8 riekeles duonos, vieną pusę patepkite sviestu, o kitą aptepkite pelėsiniu sūriu. Ant pelėsinio sūrio pusės sudėkite mocarelą, vištieną, salierą, morkas ir užbaikite daugiau mocarelos.

d) Ant viršaus uždėkite kitą duonos gabalėlį ir padėkite į nelipnią keptuvę ant vidutinės ugnies. Virkite maždaug minutę, spausdami mentele.

e) Apverskite ir kartokite, kol sūris išsilydys ir taps aukso rudos spalvos. Išimkite, supjaustykite ir patiekite.

9. Daržovių pica keptas sūris

Ingridientai:

- 16 oz. Mocarela, supjaustyta
- 15 uncijų. Rikota
- 4 valgomieji šaukštai parmezano, padalinti
- 1 baklažanas, mažas
- 2 raudonos paprikos
- 1 cukinija, didelė
- 3/4 puodelio alyvuogių aliejaus, padalintas
- 1 arbatinis šaukštelis šviežio česnako, susmulkinto
- 4-8 colių picos plutos, iš anksto iškeptos
- 1 šakelė šviežio rozmarino, nuskinta ir smulkiai pjaustyta

Kryptys

a) Įkaitinkite orkaitę iki 375 laipsnių F.

b) Nulupkite baklažanus ir supjaustykite 1/4 colio griežinėliais. Papriką ir cukiniją supjaustykite 1/4 colio griežinėliais. Daržoves išdėliokite ant kepimo skardos ir lengvai aptepkite alyvuogių aliejumi. Kepkite 375 laipsnių orkaitėje 15-20 minučių, kol suminkštės.

c) Į maišymo dubenį sudėkite rikotą, česnaką ir pusę parmezano ir maišykite šakute, kol susimaišys. Sulenkite, kad rikota būtų ypač puri. Atidėti.

d) Išdėliokite iškeptą picos plutą ir lengvai aptepkite likusiu alyvuogių aliejumi. Vieną pusę pabarstykite smulkintu rozmarinu ir likusiu parmezanu. Apverskite, o nepagardintą pusę aptepkite rikotos mišiniu. Atidėti.

e) Kai daržovės bus paruoštos, sudėkite sumuštinį ant rikotos plutos pusės uždėkite baklažanų, cukinijų ir paprikų, o po to - mocarelą. Uždarykite ir padėkite į įkaitintą keptuvę arba nepridegančią keptuvę ant mažos arba vidutinės ugnies. Įsitikinkite, kad keptuvė yra didesnė už plutą.

f) Kepkite maždaug 90 sekundžių, spausdami mentele. Apverskite ir kartokite, kol pasidarys aukso rudos spalvos, o sūris visiškai ištirps. Išimkite, supjaustykite ir patiekite.

10. Ant grotelių keptas vištienos ir vaflių sūris

Ingridientai:

- 16 oz. Mocarela, supjaustyta
- 12 griežinėlių pancetta, supjaustyti plonai
- 1 valgomasis šaukštas klevų sirupo
- 1/2 stiklinės majonezo
- 2 švieži persikai (arba 1 nedidelė persikų skardinė, nusausinta)
- 8 šaldyti vafliai
- 2 Valgomieji šaukštai minkšto sviesto
- 4-4 uncijos. be kaulų vištienos krūtinėlės
- 1 puodelis miltų
- 1 puodelis pasukų rančo padažo
- 2 puodeliai augalinio aliejaus

Kryptys

a) Kepkite pancetta nepridegančioje keptuvėje, kol šiek tiek apskrus.

b) Sumaišykite sirupą ir majonezą ir atidėkite.

c) Smulkiai supjaustykite persikus.

d) Iš kiekvienos pusės išdėliokite vaflius ir sviestą. Apverskite ir majonezo mišiniu aptepkite sviestu nepateptą vaflių pusę.

e) Vištieną sumalkite, tada pamerkite į rančo padažą, tada vėl į miltus.

f) Keptuvėje įkaitinkite augalinį aliejų ant vidutinės ugnies ir kepkite vištieną, kol iš abiejų pusių apskrus, o vidinė temperatūra pasieks 165 laipsnius.

g) Ant vaflio majonezinės pusės uždėkite mocarelos, vištienos, pancetos, persikų ir užbaikite dar mocarelos bei kitu vafliu.

h) Nelipnioje keptuvėje ant vidutinės ugnies kepkite vieną minutę, spausdami mentele. Apverskite ir kartokite, kol sūris išsilydys ir taps aukso rudos spalvos. Išimkite, supjaustykite ir patiekite.

11. Ant grotelių keptas Cheddar & Sourdough sūris

Išeiga 1 porcija

Ingridientai:

- 2 gabalėliai raugintos duonos
- 1 ½ šaukšto nesūdyto sviesto
- 1 ½ šaukšto majonezo
- 3 riekelės čederio sūrio

Kryptys

a) Ant pjaustymo lentos kiekvieną duonos gabalėlį ištepkite sviestu iš vienos pusės.

b) Apverskite duoną ir kiekvieną duonos gabalėlį patepkite majonezu.

c) Sūrį dėkite ant vieno duonos gabalėlio sviestu pateptos pusės. Ant jo uždėkite antrą duonos gabalėlį, majonezo puse į viršų.

d) Ant vidutinės silpnos ugnies įkaitinkite nepridegančią keptuvę.

e) Sumuštinį dėkite ant keptuvės majonezo puse žemyn.

f) Kepkite 3-4 minutes, kol taps auksinės rudos spalvos.

g) Mentele apverskite sumuštinį ir toliau kepkite iki auksinės rudos spalvos, maždaug 2-3 minutes.

12. Ant grotelių kepto sūrio sumuštinis

Išeiga 2

Ingridientai:

- 4 riekelės baltos duonos
- 3 šaukštai sviesto, padalinti
- 2 riekelės Čedaro sūrio

Kryptys

   a) Įkaitinkite keptuvę ant vidutinės ugnies.

   b) Vieną duonos riekelės pusę gausiai patepkite sviestu. Duoną sviestine puse žemyn dėkite ant keptuvės dugno ir įdėkite 1 riekelę sūrio.

   c) Ištepkite sviestu antrą duonos riekę iš vienos pusės ir sviestine puse į viršų padėkite ant sumuštinio.

   d) Kepkite ant grotelių, kol lengvai apskrus ir apverskite; toliau kepkite, kol sūris išsilydys.

   e) Pakartokite su likusiomis 2 duonos riekelėmis, sviestu ir sūrio gabalėliu.

13.   Špinatai ir krapai ant duonos

APTARNAVIMAS 4

Ingridientai:

- 8 plonos itališkos kaimiškos baltos duonos riekelės
- 3-4 šaukštai baltųjų triufelių pastos arba kitų triufelių ar trumų kiaulienos
- 4 uncijos Taleggio sūrio, supjaustyto
- 4 uncijos fontina sūrio, griežinėliais Minkštas sviestas, skirtas tepti ant duonos

Kryptys

a) Kiekvienos duonos riekelės 1 pusę lengvai aptepkite triufelių pasta. Viršutines 4 riekes su Taleggio ir fontina uždėkite kita trumų pasta – užtepta duona.
b) Kiekvieno sumuštinio išorę lengvai ištepkite sviestu, tada ant vidutinės-stiprios ugnies įkaitinkite panini presą arba sunkią nepridegančią keptuvę.
c) Kepkite sumuštinius vieną ar du kartus apversdami, kol duona taps traški ir auksinė, o sūris išsilydys.

d) Patiekite iš karto, kvepiančiais triufeliais ir išsiliejusiu lydytu sūriu, supjaustytu ketvirčiais arba skaniais batonėliais.

14. Ant grotelių keptas Džekas ant rugių su garstyčiomis

APTARNAVIMAS4

Ingridientai:

- 2 šaukštai žaliųjų alyvuogių tapenado
- 3 šaukštai švelnių Dižono garstyčių
- 8 riekelės sėtos ruginės duonos
- 8-10 uncijų Jack sūrio arba kito švelnaus baltojo sūrio (pvz., Havarti arba Edam), supjaustyto
- Alyvuogių aliejus duonai tepti

Kryptys

a) Sumaišykite tapenadą su garstyčiomis mažame dubenyje.
b) Išdėliokite duoną ir 4 riekeles iš vienos pusės aptepkite tik pagal skonį tapenadinėmis garstyčiomis. Ant viršaus uždėkite sūrio ir antrą duonos gabalėlį, tada gerai suspauskite.
c) Lengvai aptepkite kiekvieno sumuštinio išorę alyvuogių aliejumi, tada paskrudinkite sumuštinių keptuvėje, panini spaudoje arba sunkioje

nepridegančioje keptuvėje,pasvertaspaspausti sumuštinius, kol jie paruduoja.
d) Virkite ant vidutinės ir stiprios ugnies, kol išorė lengvai apskrus, o sūris išsilydys viduje.
e) Patiekite karštą ir karštą, aukso rudą.

15. Radicchio & Roquefort yraPain au Levain

APTARNAVIMAS4

Ingridientai:

- 6-8 uncijos Rokforo sūrio
- 8 plonos pain au levain arba raugintos duonos griežinėliai
- 3 šaukštai skrudintų stambiai pjaustytų pekano riešutų
- 4-8 dideli lapai radicchio
- Alyvuogių aliejus teptuku arba minkštas sviestas duonai tepti

Kryptys

a) Rokforo sūriu tolygiai paskleiskite visas 8 duonos riekeles.
b) Pabarstykite 4 sūriu užtepto riekeles pekano riešutais, tada kiekvieną ant viršaus uždėkite gabaliuką arba 2 radicchio; naudokite pakankamai lapų, kad galėtumėte žvilgtelėti per kraštus. Ant kiekvieno uždėkite po antrą gabalėlį su sūriu užteptos duonos ir suspauskite, kad užsandarintumėte. Išorę patepkite aliejumi arba sviestu.

c) Ant vidutinės-stiprios ugnies įkaitinkite sunkią nepridegančią keptuvę arba panini presą. Dėkite sumuštinius į keptuvę, dirbdami 2 partijomis, priklausomai nuo keptuvės dydžio. Sumažinti svorį pagalPatarimas, ir virkite, vieną ar du kartus apversdami, kol duona taps traški ir sūris išsilydys.
d) Patiekite iš karto, perpjaukite pusiau arba ketvirčiais.

16. Česnaku keptas sūris ant rugių

APTARNAVIMAS 4

Ingridientai:

- 4 didelės storos raugintos ruginės duonos riekelės
- 4 skiltelės česnako, perpjautos per pusę
- 4–6 uncijos fetos sūrio, plonais griežinėliais arba susmulkinto
- 2 šaukštai kapotų šviežių česnakų arba žaliųjų svogūnų
- Apie 6 uncijos plonai pjaustyto arba susmulkinto švelnaus balto tirpstančio sūrio, pavyzdžiui, Jack, medium Asiago arba Chaume

Kryptys

a) Iš anksto pašildykite broilerį.
b) Duoną lengvai paskrudinkite ant kepimo skardos po broileriu. Iš abiejų pusių įtrinkite česnaku. Susmulkinkite likusį česnaką ir trumpam atidėkite į šalį.
c) Ant česnaku ištrintų skrebučių viršaus uždėkite fetos, pabarstykite smulkintų česnakų likučiais, tada laiškiniais česnakais ir uždėkite antruoju sūriu.

d) Kepkite, kol sūris išsilydys ir sustings, dėmės lengvai paruduos, o skrebučio kraštai taps traškūs ir rudi.
e) Patiekite iš karto, karštą ir išsiliejusią.

17. britųLydytas sūris ir marinuoti agurkai

APTARNAVIMAS4

Ingridientai:

- 4 riekelės sočios kvapnios baltos arba pilno grūdo duonos
- Apie 3 šaukštus Marinuotas agurkas, stambiai supjaustytas
- 6-8 uncijos stipraus subrendusio Čedaro sūrio arba angliško češyro, supjaustyto griežinėliais

Kryptys

a) Iš anksto pašildykite broilerį.
b) Išdėliokite duoną ant kepimo skardos. Lengvai paskrudinkite po broileriu, tada išimkite ir gausiai paskleiskite marinuotą agurką ant lengvai paskrudintos duonos; ant viršaus uždėkite sūrio ir pakiškite po broileriu, kol sūris išsilydys.

18. Šviežia mocarela, Prosciutto ir figų uogienė

APTARNAVIMAS 4

Ingridientai:

- 4 minkšti prancūziški arba itališki suktinukai (arba pusiau iškepti, jei yra)
- 10-12 uncijų šviežios mocarelos, storai supjaustytos
- 8 uncijos prosciutto, plonais griežinėliais
- $\frac{1}{4}$-$\frac{1}{2}$ puodelio figų uogienės arba figų konservų pagal skonį
- Minkštas sviestas, skirtas tepti ant duonos

Kryptys

a) Padalinkite kiekvieną ritinį ir apdėkite mocarela bei prosciutto. Viršutines riekeles aptepkite figų uogiene, tada uždarykite.
b) Lengvai patepkite sviestu kiekvieno sumuštinio išorę.
c) Ant vidutinės-stiprios ugnies įkaitinkite sunkią nepridegančią keptuvę arba panini presą. Dėkite sumuštinius į keptuvę, dirbdami dviem partijomis, priklausomai nuo keptuvės dydžio. Paspauskite sumuštiniai arba uždarykite groteles ir kepkite, vieną ar du kartus apversdami, kol

duona taps traški ir sūris išsilydys. Nors ritinėliai prasideda kaip apvalūs, paspaudę jie yra žymiai plokštesni ir lengvai apverčiami, nors ir atsargiai.

19. Retas jautienos kepsnys su mėlynuoju sūriu

APTARNAVIMAS 4

Ingridientai:

- 4 minkšto raugo arba saldūs suktinukai (arba, jei yra, 1 pusiau iškeptas batonas, supjaustyti į 4 dalis)
- 10-12 uncijų mėlynojo sūrio, kambario temperatūroje, kad būtų lengviau paskleisti
- 8-10 uncijų reta jautienos kepsnys, plonai supjaustyta
- Sauja rėžiukų lapų
- Minkštas sviestas, skirtas tepti ant duonos

Kryptys

a) Kiekvieną vyniotinį padalinkite, tada kiekvieną pusę gausiai aptepkite pelėsiniu sūriu. Į kiekvieną ritinį sudėkite jautienos kepsnį, tada rėžiukų lapus ir vėl uždarykite, gerai paspausdami, kad užsandarintumėte.
b) Lengvai patepkite sviestu kiekvieno sumuštinio išorę.
c) Ant vidutinės-stiprios ugnies įkaitinkite sunkią nepridegančią keptuvę arba panini presą.

d) Dėkite sumuštinius į keptuvę, dirbdami 2 partijomis, priklausomai nuo keptuvės dydžio.
e) Sumažinti svorį pagalPatarimas, ir virkite, vieną ar du kartus apversdami, kol duona taps traški ir sūris išsilydys.

20. Raudonasis Lesterissu svogūnu

APTARNAVIMAS4

Ingridientai:

- 8 plonos griežinėliai minkštų nesmulkintų kviečių, daigintų kviečių uogų, krapų arba sočios baltos duonos, pavyzdžiui, bulvių duonos
- ½ vidutinio svogūno, nulupto ir labai plonais griežinėliais skersai
- 10-12 uncijų švelnaus Čedaro tipo sūrio
- Alyvuogių aliejus tepimui arba minkštas sviestas duonai tepti
- Švelnios, aštrios, labai įdomios pasirinktos garstyčios

Kryptys

a) Išdėliokite duonos riekeles. Ant viršaus uždėkite 4 duonos gabalėlius su vienu svogūno sluoksniu, tada tiek sūrio, kad visiškai uždengtų duoną ir svogūną. Ant kiekvienos viršaus uždėkite likusias duonos riekeles, kad susidarytumėte sumuštinius, ir gerai suspauskite.

b) Sumuštinių išorę aptepkite alyvuogių aliejumi arba patepkite minkštu sviestu.

c) Įkaitinkite sunkią nepridegančią keptuvę arba sumuštinių presą ant vidutinio stiprumo, tada sudėkite sumuštinius ir sumažinkite ugnį iki vidutinės. Vieta asvoris viršujejei naudojate keptuvę, sumažinkite ugnį, jei ji gali sudegti. Tikrinkite kaskart; kai iš vienos pusės jie bus auksiniai ir rudos spalvos, apverskite juos, apverskite ir apkepkite antrąją pusę.
d) Patiekite iš karto, supjaustykite griežinėliais arba trikampiais, pabarstykite garstyčiomis.

21. Špinatai ir krapai Havartiant duonos

APTARNAVIMAS 4

Ingridientai:

- 2 skiltelės česnako, susmulkintos
- 2 šaukštai aukščiausios kokybės pirmojo spaudimo alyvuogių aliejaus, padalinti
- 1 puodelis virtų, susmulkintų špinatų, nusausintų ir nusausintų
- 8 riekelės daugiagrūdės duonos arba 1 gabalėlis focaccia, maždaug 12 × 15 colių, supjaustytas horizontaliai
- 8 uncijos krapų Havarti, supjaustyti

Kryptys

a) Sunkioje nepridegančioje keptuvėje ant vidutinės ir žemos ugnies pašildykite česnaką 1 valgomajame šaukšte alyvuogių aliejaus, tada suberkite špinatus ir kepkite kartu kelias minutes, kad sušiltų.

b) Ant 4 duonos riekelių (arba apatinio focaccia sluoksnio) išdėliokite sūrį, ant viršaus uždėkite špinatų ir antrą duonos gabalėlį (arba focaccia viršų).

c) Suspauskite, kad gerai sustingtų, tada švelniai aptepkite sumuštinių išorę likusiu alyvuogių aliejumi.
d) Keptuvėje apkepkite sumuštinius, sveriant juos, arba panini spaudoje ant vidutinės-stiprios ugnies. Kepkite, kol viena pusė lengvai apskrus ir apskrus, tada apverskite ir apkepkite antrąją pusę. Kai sūris išsilydo, sumuštinis yra paruoštas.
e) Patiekite iš karto, supjaustykite įstrižai.

22. Atviras veidasAnt grotelių keptas Čedaras&Krapų raugintas agurkas

APTARNAVIMAS 4

Ingridientai:

- 4 riekelės geros kokybės baltos duonos
- 6–8 uncijos subrendusio Čedaro sūrio, plonais griežinėliais
- 1-2 saldūs kornišonų arba košerinių krapų marinuoti agurkai, plonais griežinėliais

Kryptys

a) Iš anksto pašildykite broilerį.
b) Duoną lengvai paskrudinkite po broileriu, tada kiekvieną riekelę uždėkite šiek tiek sūrio, marinuotų agurkų ir dar daugiau sūrio. Kepkite, kol sūris išsilydys, o duonos kraštai taps traškūs ir apskrus.
c) Patiekite iš karto, supjaustykite ketvirčiais.

23. Specialus Harry's Bar

12; APTARNAVIMAS4

Ingridientai:

- 6 uncijos Gruyère, Emmentaler ar kito šveicariško sūrio, stambiai susmulkinto
- 2-3 uncijos kubeliais pjaustyto rūkyto kumpio
- Gausus žiupsnelis sausų garstyčių
- Keletas Worcestershire padažo kokteilių
- 1 valgomasis šaukštas plakamosios grietinėlės arba grietinės, arba tiek, kad viskas išsilaikytų
- 8 labai plonos tankios baltos duonos riekelės, nupjautos pluteles
- Alyvuogių aliejus tepimui arba minkštas sviestas duonai tepti

Kryptys

a) Vidutiniame dubenyje sumaišykite sūrį su rūkytu kumpiu, garstyčiomis ir Vusterio padažu. Gerai išmaišykite, tada įmaišykite grietinėlę, įpilkite tiek, kad susidarytų tvirtas mišinys ir išsilaikytų.

b) Sūrio ir kumpio mišinį labai storai užtepkite ant 4 duonos gabalėlių ir uždėkite kitus 4. Gerai suspauskite ir sumuštinius supjaustykite į 3 pirštus.

c) Sumuštinių išorę aptepkite alyvuogių aliejumi, tada paskrudinkite ant vidutinės-stiprios ugnies sunkioje nepridegančioje keptuvėje ir kepdami spausdami juos mentele. Kai pirmoji pusė lengvai apskrus, apverskite juos ir apkepkite antrąją pusę.

d) Patiekite karštą, iš karto.

24. Crostinialla Carnevale

16; APTARNAVIMAS4

Ingridientai:

- 16 plonų batono griežinėlių, supjaustytų įstrižai ir, pageidautina, šiek tiek pasenusių
- 2 šaukštai aukščiausios kokybės pirmojo spaudimo alyvuogių aliejaus
- 3 skiltelės česnako, susmulkintos, padalintos
- 4 uncijos rikotos sūrio
- 4 uncijos švelnaus Asiago, Jack arba fontina sūrio, supjaustyto kubeliais, stambiai susmulkinto arba supjaustyto juostelėmis
- 6-8 vyšniniai pomidorai, supjaustyti ketvirčiais arba kubeliais
- 2 šaukštai kapotų skrudintų raudonųjų pipirų
- 1-2 šaukštai bazilikų pesto

Kryptys

a) Iš anksto pašildykite broilerį.
b) Į dubenį įmeskite batono riekeles su alyvuogių aliejumi ir išdėliokite vienu sluoksniu kepimo inde arba ant kepimo skardos. Skrudinkite po

broileriu apie 5 minutes arba iki šviesiai auksinės spalvos. Išimkite ir išmeskite skrebučius su puse česnako. Atidėti.
c) Nedideliame dubenyje sumaišykite likusį česnaką su rikotos sūriu, Asiago, vyšniniais pomidorais, pipirais ir pesto.
d) Ant kiekvieno skrebučio užpilkite didelį šaukštą įdaro. Išdėliokite ant kepimo skardos ir pakiškite po broileriu, kol sūris išsilydys ir sustings, o skrebučio kraštai taps traškūs ir rudi.
e) Patiekite iš karto.

25. Bruschettaiš alyvuogių

16 IKI 24; APTARNAVIMAS8

Ingridientai:

- 4 riekelės pain au levain arba kitos kaimiškos kaimiškos duonos, supjaustytos į 4–6 gabalėlius vienoje riekėje
- 2 skiltelės česnako
- Apie 1 valgomasis šaukštas aukščiausios kokybės pirmojo spaudimo alyvuogių aliejaus
- 4 uncijos fetos sūrio, supjaustyto griežinėliais Nutarkuota 1 citrinos žievelė
- 4 uncijos švelniai tirpstantis sūris, pvz., Džekas, fontina arba švelnus Asiago, plonai supjaustytas arba susmulkintas
- Maždaug 3 uncijos jaunos rukolos

Kryptys

a) Iš anksto pašildykite broilerį.
b) Duoną lengvai paskrudinkite po broileriu. Nukelkite nuo ugnies ir iš abiejų pusių įtrinkite česnaku.
c) Česnakais ištrintus skrebučius dėkite ant kepimo skardos ir labai lengvai apšlakstykite

trupučiu alyvuogių aliejaus, tada uždėkite ant fetos sūrio, pabarstykite citrinos žievele, ant viršaus uždėkite Džeko sūrio ir paskiausiai pašlakstykite alyvuogių aliejaus. Kepkite, kol sūris išsilydys ir lengvai burbuliuosis.

d) Patiekite nedelsdami, kiekvieną mažytį atvirą ant grotelių kepto sūrio sumuštinį su sauja rukolos lapelių.

26. Casse Croûte iš mėlynojo sūrio ir Gruyère

APTARNAVIMAS4

Ingridientai:

- 1 batonas, padalintas išilgai ir šiek tiek įdubęs
- 2-3 šaukštai minkšto sviesto, skirto tepti ant duonos
- 1-2 šaukštai sauso baltojo vyno
- 3-4 skiltelės česnako, susmulkintos
- 8-10 uncijų kvapnus mėlynasis sūris
- 8-10 uncijų Gruyère
- Muskato riešuto tarkavimas

Kryptys

a) Iš anksto pašildykite broilerį.
b) Batono puseles iš vidaus lengvai ištepkite sviestu, tada apšlakstykite baltojo vyno ir česnako dalimi. Sluoksniuokite ant sūrių, baigdami Gruyère sluoksniu ir užbaigdami muskato riešuto, likusio česnako ir dar keliais lašais vyno.

c) Kepkite sumuštinius, kol sūris išsilydys ir sustings, o duonos kraštai taps traškūs ir rudi.
d) Supjaustykite kelių centimetrų ilgio gabalėliais ir patiekite iš karto.

27. Traškus triufelis Comtésu juodosiomis voveraitėmis

APTARNAVIMAS 4

RŪŠINTI JUODOSI VOKELIAI

Ingridientai:

- 1 uncija šviežių arba ½ uncijos džiovintų juodųjų voveraičių grybų
- 6 šaukštai nesūdyto sviesto
- ¼ puodelio grybų arba daržovių sultinio
- 2 šaukštai juodųjų triufelių aliejaus arba pagal skonį

Sumuštiniai

- 1 batonas, plonai pjaustytas šiek tiek įstrižai
- 8 uncijos Comté sūrio, supjaustyto maždaug 1/8 colio storio griežinėliais ir supjaustyto, kad tilptų maži batono griežinėliai
- 1-2 šaukštai aukščiausios kokybės pirmojo spaudimo alyvuogių aliejaus duonai tepti
- 1-2 skiltelės česnako, susmulkintos
- 1-2 šaukštai smulkintų šviežių laiškinių česnakų arba plokščialapių petražolių

Kryptys

a) To pagaminkite troškintas voveraites: jei naudojate šviežius grybus, nuplaukite ir nusausinkite, tada smulkiai supjaustykite. Jei naudojate džiovintus grybus, užpilkite grybų sultinį, pašildytą iki užvirimo, ant grybų, kad jie rehidratuotų. Palikite uždengtą sėdėti apie 30 minučių arba kol suminkštės ir taps lanksti. Išimkite iš skysčio ir nusausinkite, palikdami skystį toliau ruošti. Susmulkinkite rehidratuotus grybus ir darykite taip, kaip ir šviežius.

b) Sunkioje nepridegančioje keptuvėje ant vidutinės ugnies įkaitinkite sviestą; Kai ištirps ir taps riešutiškai rudi, suberkite grybus ir keletą minučių pasūdykite karštame svieste. Supilkite sultinį ir virkite ant vidutinės-stiprios ugnies, kol skystis beveik visiškai išgaruos, 5–7 minutes. Nukelkite nuo ugnies ir šaukštu supilkite į dubenį. Palikite keletą minučių atvėsti, tada įpilkite triufelių aliejaus ir gerai išmaišykite, intensyviai maišydami.

c) Išdėliokite batono riekeles; pusę jų aptepkite triufelių grybų mišiniu, tada uždėkite sūrio griežinėlius ir galiausiai likusius batono gabalėlius. Gerai suspauskite; sumuštiniai, būdami maži su gana sausu įdaru, linkę byrėti. Tačiau, kai sumuštiniai paruduoja, sūris išsilydo ir laiko juos kartu.

d) Kiekvieno sumuštinio išorę lengvai patepkite alyvuogių aliejumi. Įkaitinkite sunkią nepridegančią keptuvę ant vidutinės-stiprios ugnies, tada sudėkite sumuštinius, dirbdami dalimis, jei reikia. Viršuje su asvorioir sumažinkite ugnį iki vidutinės arba vidutinės-žemos. Kepkite sumuštinius vieną ar du kartus apversdami, kol duona taps traški ir auksinė, o sūris išsilydys. Pabarstykite šiek tiek česnako ir česnako ir patiekite.

e) Pabarsčius česnaką prieš pat jį išimant iš keptuvės, išlieka aštrus ir stiprus žalio česnako skonis, todėl kiekvienas mažas sumuštinis skonis kaip sūriu ir triufeliais užpildyto česnako skrebučiai. Pakartokite su likusiais sumuštiniais, pašalindami iš keptuvės likusį česnaką, kad jis nesudegtų kitą sumuštinių kepimo etapą.

28. Ožkos sūrio skrebučiaisu prieskoniais

12; APTARNAVIMAS 4

Ingridientai:

- 12 plonų batono griežinėlių, geriausia šiek tiek pasenusių
- Pirmo spaudimo alyvuogių aliejus
- 3-4 uncijos šiek tiek brandinto ožkos sūrio
- Apie ¼ arbatinio šaukštelio maltų kmynų
- ½ arbatinio šaukštelio čiobrelių
- ¼-½ arbatinio šaukštelio paprikos
- Apie 1/8 arbatinio šaukštelio maltos kalendros
- 2 skiltelės česnako, susmulkintos
- 1-2 šaukštai susmulkintos šviežios kalendros

Kryptys

a) Iš anksto pašildykite broilerį.
b) Batono riekeles aptepkite alyvuogių aliejumi, išdėliokite vienu sluoksniu ant kepimo skardos ir lengvai paskrudinkite po broileriu iš abiejų pusių.
c) Skrudintos batono riekeles apibarstykite sūriu, tada pabarstykite kmynais, čiobreliais, paprika, kalendra ir smulkintu česnaku. Apšlakstykite

alyvuogių aliejumi ir kepkite, kol sūris šiek tiek išsilydys ir paruduos dėmėmis.

d) Pabarstykite kalendra ir patiekite iš karto.

29. Rokforo sumuštiniai & Burokėlių marmeladas

MAKES 8; APTARNAVIMAS4

IMBUROKŲ MARMELADAS

Ingridientai:

- 3 vidutinio dydžio raudonieji burokėliai (iš viso 16-18 uncijų), sveiki ir nelupti
- 1 svogūnas, supjaustytas ketvirčiais, plius ½ svogūno, supjaustytas
- ½ puodelio raudonojo vyno
- Apie ¼ puodelio raudonojo vyno acto
- Apie 2 šaukštus cukraus
- 2 šaukštai razinų arba kubeliais pjaustytų džiovintų figų
- Apie ½ arbatinio šaukštelio susmulkinto nulupto šviežio imbiero
- Žiupsnelis penkių prieskonių miltelių, gvazdikėlių ar kvapiųjų pipirų

Sumuštiniai

- 16 labai plonai supjaustytų įstrižų pasenusio batono gabalėlių arba plonais griežinėliais pasenusios čiabatos

- 6 uncijos Rokforo sūrio
- Apie 1 valgomasis šaukštas alyvuogių aliejaus duonai tepti
- Maždaug 2 puodeliai (3 uncijos) rėžiukų

Kryptys

a) Įkaitinkite orkaitę iki 375 ° F.
b) Norėdami pagaminti burokėlių marmeladą:Burokėlius, ketvirčiais supjaustytą svogūną ir raudonąjį vyną sudėkite į kepimo skardą, kurios pakaktų, kad tarp jų liktų kelių colių vietos. Uždenkite keptuvę aliuminio folija, tada kepkite valandą arba kol burokėliai suminkštės. Išimkite, atidenkite ir palikite atvėsti.
c) Kai atvės, nuimkite odelę nuo burokėlių, tada supjaustykite ¼-1/8 colio gabalėliais. Iškeptą svogūną stambiai supjaustykite ir sumaišykite su kubeliais pjaustytais skrudintais burokėliais ir keptuvės sultimis puode kartu su pjaustytu žaliu svogūnu, actu, cukrumi, razinomis, imbieru ir keliais šaukštais vandens.
d) Užvirinkite ir virkite ant vidutinės-stiprios ugnies, kol svogūnas suminkštės ir išgaruos didžioji dalis skysčio. Neleiskite sudeginti.

Nukelkite nuo ugnies ir pagardinkite prieskonius su daugiau cukraus ir acto. Pagardinkite labai subtiliai – tik žiupsneliu – penkių prieskonių milteliais. Atidėti. Padaro apie 2 puodelius.

e) Norėdami pagaminti sumuštinius:Išdėliokite 8 batono riekeles ir kiekvieną storai aptepkite Rokforo sūriu. Ant kiekvieno uždėkite likusias batono riekeles ir gerai suspauskite, kad laikytųsi. Kiekvieną mažų sumuštinių pusę aptepkite nedideliu kiekiu alyvuogių aliejaus.

f) Ant vidutinės-stiprios ugnies įkaitinkite sunkią nepridegančią keptuvę ir sudėkite į ją sumuštinius. Sumažinkite ugnį iki vidutinės-žemos arba vidutinės. Kepkite sumuštinius, kol pirmoji pusė pasidarys traški auksinė, lengvai suspauskite mentele, tada apverskite ir švelniai apskrus kitą pusę.

g) Traškius karštus mažus sumuštinius patiekite lėkštėje, papuošdami kuokšteliu ar dviem vandens rėžiukų ir gausiu šaukštu burokėlių marmelado.

30. Bocadillo iš Ibisos salos

APTARNAVIMAS 4

TUNŲ IR RAUDONŲJŲ PIRIKRŲ TEPALĖLIS

Ingridientai:

- 6 uncijos baltos mėsos tuno gabaliukas, supakuotas alyvuogių aliejuje, nusausintas
- 1 raudona paprika, paskrudinta, nulupta ir susmulkinta (tinka iš stiklainio)
- ½ svogūno, smulkiai supjaustyto
- 4-6 šaukštai majonezo
- 1 valgomasis šaukštas aukščiausios kokybės pirmojo spaudimo alyvuogių aliejaus
- 1-2 arbatiniai šaukšteliai paprikos, geriausia vengriškos arba ispaniškos
- Keli lašai šviežios citrinos
- sulčių
- Druska
- Juodasis pipiras

Sumuštiniai

- 8 riekelės saulėje džiovintų pomidorų duonos

- 8 uncijos sendinto Gouda sūrio, Džeko arba baltojo Čedaro sūrio
- Alyvuogių aliejus duonai tepti

Kryptys

a) Tuno mišinio paruošimas: Susmulkinkite tuną šakute vidutiniame dubenyje, tada sumaišykite su raudonaisiais pipirais, svogūnais, majonezu, aukščiausios kokybės pirmojo spaudimo alyvuogių aliejumi, paprika, citrinos sultimis, druska ir pipirais. Sureguliuokite majonezo kiekį, kad gautumėte gražią tirštą konsistenciją.

b) Sumuštiniams gaminti: Išdėliokite 4 riekeles duonos ir kiekvieną uždėkite ketvirtadaliu sūrio. Ant viršaus uždėkite tuno mišinį, tada likusią duoną.

c) Sumuštinių išorę lengvai patepkite alyvuogių aliejumi. Ant vidutinės-stiprios ugnies įkaitinkite sunkią nepridegančią keptuvę ir sudėkite sumuštinius.

d) Pasverkite juos sunkiojo apačioskeptuvė, ne spausti, o laikyti viršūnes ir išlaikyti plokščias, kol sūris tirpsta. Sumažinkite ugnį iki vidutinės ir kepkite iš pirmosios pusės, kol duona taps traški ir auksinė, tada apverskite ir pakartokite.

e) Retkarčiais pakelkite svėrimo indą, kad patikrintumėte sūrio padėtį.
f) Kai duona ištirps (ir tai galite pasakyti, nes šiek tiek išsiskirs), o duona bus auksinė ir traški, išimkite iš keptuvės. Jei duona per tamsėja, kol sūris neištirpsta, sumažinkite ugnį.
g) Patiekite iš karto, karštą ir traškų.

31. KlubasKepta ant grotelių Sumuštinis

APTARNAVIMAS4

Ingridientai:

- 3 šaukštai majonezo
- 1 valgomasis šaukštas kaparėlių, nusausintas
- 8 storos šoninės griežinėliai
- 8 ploni griežinėliai pain au levain, supjaustyti iš pusės didelio kepalo (apie 10 colių ilgio, 5 colių pločio)
- 8 uncijos Beaufort, Comté arba Emmentaler sūrio, supjaustyto
- 2 prinokę pomidorai, supjaustyti
- 2 troškintos, skrudintos arba ant grotelių keptos vištienos krūtinėlės be kaulų, supjaustytos
- Alyvuogių aliejus duonai tepti
- Apie 2 stiklines rukolos lapų
- Apie 12 lapelių šviežio baziliko

Kryptys

a) Mažame dubenyje sumaišykite majonezą su kaparėliais. Atidėti.
b) Kepkite šoninę sunkioje nepridegančioje keptuvėje, kol ji iš abiejų pusių apskrus ir apskrus. Išimkite iš formos ir nusausinkite ant sugeriančių popierinių rankšluosčių.
c) Ant darbinio paviršiaus išdėliokite 4 duonos gabalėlius ir ant kiekvieno uždėkite sluoksnį sūrio, po to pomidorų, šoninės ir galiausiai vištienos sluoksnį.
d) Gausiai ištepkite kaparėlių majonezu ant 4 likusių duonos riekių ir ant kiekvieno sumuštinio. Paspauskite, kad sandariai uždarytumėte.
e) Išorę lengvai patepkite alyvuogių aliejumi.
f) Ant vidutinės-stiprios ugnies įkaitinkite sunkią nepridegančią keptuvę arba panini presą. Pridėkite sumuštinių, jei reikia, dirbdami dviem partijomis. Sumažinkite svorįsumuštiniailengvai, sumažinkite ugnį iki vidutinės ir kepkite, kol duonos dugnas paruduos dėmėmis ir sūris šiek tiek išsilydys.
g) Atsargiai apverskite rankomis, kad stabilizuotumėte sumuštinius ant mentelės, jei jie gali subyrėti. Ruda antroje pusėje, be svarelio, bet šiek tiek paspaudžiant sumuštinius, kad jie sutvirtintų ir laikytųsi kartu.

h) Išimkite iš keptuvės, atidarykite visų 4 sumuštinių viršūnes, įdėkite saują rukolos ir kelis baziliko lapelius, tada visus uždarykite.
i) Supjaustykite pusiau ir patiekite iš karto.

32. Velso retassu plaktu kiaušiniu

APTARNAVIMAS4

Ingridientai:

- 4 dideli kiaušiniai
- Keli lašai baltojo vyno acto
- 4 riekelės pilno grūdo arba rūgščios duonos arba 2 perpjautos angliškos bandelės
- Apie 2 šaukštus minkšto sviesto
- 12 uncijų aštraus Čedaro arba Češyro sūrio, stambiai susmulkinto
- 1-2 žalieji svogūnai, plonais griežinėliais
- 1-2 arbatiniai šaukšteliai alaus arba lagerio (nebūtina)
- ½ arbatinio šaukštelio viso grūdo garstyčių ir (arba) keli žiupsneliai sausų garstyčių miltelių
- Keletas gausių Worcestershire padažo kokteilių
- Keli kokteiliai kajeno pipirų

Kryptys

a) Iškepkite kiaušinius: kiekvieną kiaušinį sulaužykite ir įdėkite į puodelį arba kepsninę.

Užvirinkite gilią keptuvę, užpildytą vandeniu; sumažinkite ugnį ir palaikykite ant silpnos ugnies. Vandens nesūdykite, įpilkite kelis kokteilius acto. Kiekvieną kiaušinį įmuškite į lengvai verdantį vandenį.

b) Virkite kiaušinius, kol baltymai sutvirtės, o tryniai tebėra skysti, 2–3 minutes. Išimkite kiaurasamčiu ir padėkite ant lėkštės, kad nuvarvėtų vandens perteklius.
c) Iš anksto pašildykite broilerį.
d) Duoną lengvai paskrudinkite po broileriu ir patepkite sviestu.
e) Išdėliokite duoną ant kepimo skardos. Ant kiekvieno gabalo užpilkite 1 plaktu kiaušiniu.
f) Vidutiniame dubenyje sumaišykite čederį, žaliuosius svogūnus, alų, garstyčias, Vusterio padažą ir kajeno pipirus. Sūrio mišinį švelniai tolygiai paskirstykite ant išplaktų kiaušinių, stengdamiesi nesulaužyti trynių.
g) Kepkite sūriu ir kiaušiniu apteptus skrebučius, kol sūris išsilydys į tirštą padažą, o sūrio ir skrebučio kraštai taps traškūs ir rudi. Patiekite iš karto.

33. Ant grotelių keptas kumpis, sūris ir ananasai

APTARNAVIMAS4

Ingridientai:

- 6-8 uncijos kalakutienos kumpio, stambiai supjaustyto arba supjaustyto juostelėmis, jei jau plonais griežinėliais
- 3 šaukštai majonezo arba pagal poreikį
- 4 storos griežinėliai šviežio ananaso arba 5 griežinėliai, konservuoti savo sultyse
- 8 riekelės pilno grūdo arba kvietinių uogų duonos, plonai supjaustytos
- Apie 12-15 riekelių duonos ir sviesto marinuotų agurkų
- $\frac{1}{2}$ svogūno, plonais griežinėliais
- Maždaug 8 uncijos Taleggio sūrio (nupjauta žievė) arba aštraus Čedaro sūrio, supjaustyto griežinėliais
- Ypač tyras alyvuogių aliejus duonai tepti

Kryptys

a) Mažame dubenyje sumaišykite kalakutienos kumpį su majonezu. Atidėkite į šalį.

b) Ananasą supjaustykite kubeliais arba stambiai supjaustykite ir padėkite į dubenį. Jei naudojate šviežią, pagal skonį apibarstykite cukrumi.

c) Išdėliokite duonos riekeles. Ant 4 iš jų paskleiskite ananasą. Ant kitų 4 pirmiausia sudėkite marinuotų agurkų, tada kalakutienos kumpio salotų mišinį, tada svogūną ir Taleggio. Atsargiai apibarstykite ananasais uždengtas duonos riekeles, kad susidarytumėte sumuštinius, ir sandariai suspauskite. Kiekvieną pusę lengvai aptepkite alyvuogių aliejumi.

d) Ant vidutinės-stiprios ugnies įkaitinkite sunkią nepridegančią keptuvę arba panini presą. Sumuštinius dėkite į keptuvę, apskrudinkite ir spauskite, kol pirmoji pusė taps traški ir auksinė, o sūris pradės tirpti; tada mentele ir, galbūt, rankos pagalba, atsargiai apverskite sumuštinius ir kepkite antroje pusėje, spausdami, kol jie paruduos.

e) Kai sumuštiniai bus traškūs ir lengvai apskrus iš abiejų pusių, o sūris išsilydys, išimkite iš keptuvės, perpjaukite pusiau ir patiekite.

34. Karšta Muffaletta

APTARNAVIMAS4

Ingridientai:

- 4 minkšti prancūziški suktinukai
- Pirmo spaudimo alyvuogių aliejus
- Kai kurie raudonojo vyno acto purtymai šen bei ten
- 4-6 skiltelės česnako, susmulkintos
- 3-4 arbatiniai šaukšteliai kaparėlių, nuvarvintų
- 2-3 dideli žiupsneliai džiovintų raudonėlių, sutrupinti
- ½ puodelio pjaustytų arba kubeliais skrudintų raudonųjų pipirų
- 4 švelniai marinuotos paprikos, tokios kaip graikiškos ar itališkos, supjaustytos griežinėliais
- ½ raudonojo ar kito švelnaus svogūno, labai plonais griežinėliais
- ½ puodelio pimiento įdarytų žalių alyvuogių, supjaustytų
- 1 didelis pomidoras, plonais griežinėliais

- 4 uncijos džiovinto saliamio, plonais griežinėliais
- 4 uncijos kumpio, rūkytos kalakutienos
- 8 uncijos plonai pjaustyto provolono sūrio

Kryptys

a) Atidarykite suktinukus ir šiek tiek ištraukite jų purų vidų. Kiekvieną supjaustytą pusę apšlakstykite alyvuogių aliejumi ir actu, tada česnaku, kaparėliais ir raudonėliais. Vienoje kiekvieno ritinio pusėje dėkite raudonųjų pipirų, marinuotų paprikų, svogūnų, alyvuogių, pomidorų, saliamio, kumpio ir galiausiai sūrio. Sandariai uždarykite ir gerai suspauskite, kad užsandarintumėte.

b) Ant vidutinės ir stiprios ugnies įkaitinkite sunkią nepridegančią keptuvę ir kiekvieno ritinėlio išorę lengvai patepkite alyvuogių aliejumi. Sumuštinius dėkite į keptuvę irsvorio žemyn, arba sudėkite juos į panini presą.

c) Kepkite iki auksinės rudos spalvos iš vienos pusės, tada apverskite ir apkepkite antrąją pusę. Sumuštiniai yra paruošti, kai jie yra traškūs auksiniai, o sūris šiek tiek išsisuko ir vietomis traškus. Supjaustykite per pusę ir valgykite iš karto.

35. Kubietiškas sumuštinis

APTARNAVIMAS 4

Ingridientai:

Mojo padažas

- 2 šaukštai aukščiausios kokybės pirmojo spaudimo alyvuogių aliejaus
- 8 skiltelės česnako, smulkiai supjaustytos
- 1 puodelis šviežių apelsinų sulčių ir (arba) greipfrutų sulčių
- ½ puodelio šviežių laimo sulčių ir (arba) citrinos sulčių
- ½ arbatinio šaukštelio maltų kmynų druskos
- Juodasis pipiras

Sumuštiniai

- 1 minkštas batonas arba 4 minkšti ilgi prancūziški suktinukai, padalinti
- Minkštas sviestas arba alyvuogių aliejus duonai tepti
- 6 uncijos plonais griežinėliais pjaustyto virto arba meduje kepto kumpio

- 1 virta vištienos krūtinėlė, apie 6 uncijos, plonais griežinėliais
- 8 uncijos skanaus sūrio, pavyzdžiui, Gouda, Manchego arba Edam, supjaustyto
- 1 krapai, košeriniai krapai arba saldus marinuotas agurkas, plonais griežinėliais
- Maždaug 4 lapeliai sviesto arba Boston Bibb salotos
- 2-3 vidutiniai prinokę pomidorai, supjaustyti griežinėliais

Kryptys

a) Mojo padažo gamybai: Mažoje sunkioje keptuvėje švelniai įkaitinkite alyvuogių aliejų ir česnaką, kol česnakas taps švelniai auksinis, bet neparudavęs, maždaug 30 sekundžių. Įpilkite citrusinių vaisių sulčių, kmynų, druskos ir pipirų pagal skonį ir nukelkite nuo ugnies. Leiskite atvėsti, paragaukite ir pritaikykite prieskoniams. Šaldytuve išsilaiko iki 3 dienų. Padaro $1\frac{1}{2}$ puodelio.
b) Iš anksto pašildykite broilerį.
c) Sumuštiniams gaminti: Ištraukite šiek tiek pūkuotų kiekvieno ritinėlio vidų. Ištrauktą duoną

išmeskite arba pasilikite kitam naudojimui. Abi suktinukų puses aptepkite nedideliu kiekiu minkšto sviesto arba alyvuogių aliejaus. Lengvai paskrudinkite po broileriu iš abiejų pusių, tada nukelkite nuo ugnies.

d) Užtepkite šiek tiek mojo padažo ant nupjautų duonos šonų, tada sluoksniuokite su kumpiu, vištiena, sūriu ir marinatu. Gerai uždarykite ir suspauskite, kad sumuštinių išorė būtų sandari ir lengvai patepta alyvuogių aliejumi.

e) Ant vidutinės-stiprios ugnies įkaitinkite sunkią nepridegančią keptuvę arba panini presą ir apkepkite sumuštinius,sumažindami juos. Sumuštinius norisi prispausti kuo plokštesnius. Kepkite, kol išorė lengvai apskrus ir sūris pradės tirpti. Apversdami sumuštinius suspauskite mentele, kad taip pat būtų lengviau prispausti.

f) Kai sumuštiniai bus traškūs ir apskrus, išimkite iš keptuvės. Atidarykite, sudėkite salotas ir pomidorus ir patiekite iš karto, su papildomu mojo šone.

36. Paryžietiškas ant grotelių keptas sūris

APTARNAVIMAS4

Ingridientai:

- 8 riekelės tvirtos, kvapnios geros kokybės baltos arba prancūziškos duonos
- 4 ploni griežinėliai virto arba kepto kumpio arba kalakutienos kumpio
- 2 šaukštai nesūdyto minkšto sviesto
- 4 uncijos Gruyère tipo sūrio

Kryptys

a) Iš anksto pašildykite broilerį.
b) Ant kepimo skardos išdėliokite 4 duonos riekeles, tada uždėkite kumpio ir likusias duonos riekeles, kad gamintumėte sumuštinius. Kiekvieną sumuštinį ištepkite sviestu išorėje, tada padėkite po broileriu iki šviesiai auksinės spalvos, apverskite ir apkepkite antrąją pusę.
c) Vienos sumuštinių pusės viršų pabarstykite sūriu, tada kelioms akimirkoms grįžkite į broilerį arba tol, kol sūris išsilydys ir šen bei ten šiek tiek burbuliuosis. Valgykite iš karto su žaliomis salotomis.

37. BocadillonuoIbisos sala

APTARNAVIMAS4

Ingridientai:

- 4 dideli minkšti, lygūs prancūziški arba itališki suktinukai, geriausia – raugo

- 6-8 skiltelės česnako, perpjautos per pusę

- 4-6 šaukštai aukščiausios kokybės pirmojo spaudimo alyvuogių aliejaus

- 1 valgomasis šaukštas pomidorų pastos (nebūtina)

- 2-3 dideli prinokę pomidorai, plonais griežinėliais
- Gausiai pabarstykite džiovinto raudonėlio (geriausia graikiško, sicilietiško arba ispaniško)
- 8 ploni griežinėliai ispaniško jamono ar panašaus kumpio, pavyzdžiui, prosciutto
- Maždaug 10 uncijų švelnaus ir tirpstančio, tačiau aromatingo sūrio, pavyzdžiui, manchego, Idiazábal, Mahon, arba Kalifornijos sūrio, pvz., Ig Vella's semi secco arba Jack
- Mišrios Viduržemio jūros alyvuogės

Kryptys

a) Iš anksto pašildykite broilerį.
b) Supjaustykite ritinius ir lengvai paskrudinkite kiekvieną pusę po broileriu.
c) Kiekvieno duonos gabalėlio nupjautą pusę įtrinkite česnaku.
d) Česnaku ištrintą duoną apšlakstykite alyvuogių aliejumi, o išorę patepkite dar trupučiu aliejaus. Lengvai aptepkite pomidorų pasta, tada ant suktinukų sluoksniuokite pjaustytus pomidorus ir jų sultis, įspauskite pomidorų pastą ir pomidorus, kad sultys susigertų į duoną.

e) Pabarstykite trupintais raudonėliais, tada sluoksniuokite su kumpiu ir sūriu. Uždarykite ir gerai suspauskite, tada švelniai aptepkite alyvuogių aliejumi.
f) Ant vidutinės-stiprios ugnies įkaitinkite sunkią nepridegančią keptuvę arba panini presą, tada sudėkite sumuštinius. Jei naudojate keptuvę, pasverkitesumuštiniai žemyn.
g) Sumažinkite ugnį iki vidutinės ir virkite, kol išorė lengvai apskrus ir sūris pradės tirpti. Apverskite ir apkepkite antroje pusėje.
h) Supjaustykite pusiau ir patiekite iš karto, kartu su sauja sumaišytų alyvuogių.

38. Pomidorų ir mahono sūris ant alyvuogių duonos

GADA4

Ingridientai:

- 10—12 šviežių, mažų šalavijų lapelių
- 3 šaukštai nesūdyto sviesto
- 1 valgomasis šaukštas aukščiausios kokybės pirmojo spaudimo alyvuogių aliejaus
- 8 riekelės kaimiškos duonos
- 4 uncijos prosciutto, plonais griežinėliais
- 10-12 uncijų viso skonio kalnų sūris, pavyzdžiui, fontina, brandintas Beaufort arba Emmentaler
- 2 skiltelės česnako, susmulkintos

Kryptys

a) Sunkioje neprideginančioje keptuvėje ant vidutinės ir mažos ugnies maišykite šalavijų lapus, sviestą ir alyvuogių aliejų, kol sviestas išsilydys ir suputos.

b) Tuo tarpu išdėliokite 4 riekeles duonos, ant viršaus uždėkite prosciutto, tada šrifto, tada pabarstykite česnako. Ant viršaus uždėkite likusią duoną ir stipriai suspauskite.

c) Švelniai įdėkite sumuštinius į karštą šalavijų sviesto mišinį; gali tekti juos daryti keliomis partijomis arba naudoti 2 keptuves. Svoris suant viršaus sunkią keptuvękad nuspaustų sumuštinius žemyn. Kepkite, kol išorė lengvai apskrus ir sūris pradės tirpti. Apverskite ir apkepkite antroje pusėje.
d) Sumuštinius patiekite karštus ir traškius, perpjautus įstrižais puselėmis. Arba išmeskite šalavijų lapus arba pakramsnokite juos, traškius ir apskrudusius.

39. Emmentaler & PearSumuštinis

APTARNAVIMAS4

Ingridientai:

- 8 ploni griežinėliai pain au levain, sourdough arba rūgštus pumpernickel
- 4 uncijos Emmentaler sūrio, plonais griežinėliais
- 1 prinokusi, bet tvirta kriaušė, nenulupta ir labai plonais griežinėliais
- 4 uncijos Appenzell sūrio, plonais griežinėliais
- Keli žiupsneliai kmynų Minkštas sviestas arba alyvuogių aliejus duonai aptepti

Kryptys

a) Ant darbinio paviršiaus išdėliokite 4 duonos riekeles, ant viršaus uždėkite sluoksnį Emmentaler sūrio, tada kriaušių, šiek tiek Appenzell sūrio ir pabarstykite kmynų sėklų. Ant kiekvieno sumuštinio uždėkite antrą duonos riekę ir tvirtai suspauskite, kad užsandarintumėte.

b) Kiekvieno sumuštinio išorę lengvai ištepkite sviestu. Įkaitinkite sunkią nepridegančią keptuvę arba sumuštinių presą ant vidutinės-stiprios ugnies. Uždėkite svorį antsumuštiniai.

Kepkite, apverskite vieną ar du kartus, kol duona taps traški ir auksinė, o sūris išsilydys.

c) Patiekite iš karto.

40. Ant grotelių keptas Pumpernickel ir Gouda

APTARNAVIMAS 4

Ingridientai:

PETRAŽOGU-TARAGONO GARSTYČIŲ

- 3 šaukštai viso grūdo garstyčių
- 3 šaukštai švelnių Dižono garstyčių
- 2 šaukštai kapotų šviežių plokščialapių petražolių
- 1 valgomasis šaukštas susmulkinto šviežio peletrūno
- 1 nedidelė česnako skiltelė, susmulkinta
- Keli lašai raudonojo arba baltojo vyno acto pagal skonį

Sumuštiniai

- 8 riekelės minkštos tamsios pumpernikelio duonos
- 8 uncijos brandinto Gouda, manchego ar panašaus riešutų brandinto sūrio
- Minkštas sviestas arba alyvuogių aliejus duonai tepti

Kryptys

a) Petražolių-estragonų garstyčių gamyba: mažame dubenyje sumaišykite viso grūdo ir Dižono garstyčias ir įmaišykite petražoles, peletrūną ir česnaką. Įlašinkite kelis lašus acto pagal skonį ir atidėkite. Padaro apie 1/3 puodelio.

b) Sumuštiniams gaminti: ant darbinio paviršiaus išdėliokite 4 duonos riekeles. Įdėkite sūrio sluoksnį, tada uždėkite antrą duonos gabalėlį. Suspauskite ir lengvai ištepkite arba patepkite išorę sviestu.

c) Įkaitinkite sunkią nepridegančią keptuvę arba panini presą ant vidutinės-stiprios ugnies ir sudėkite sumuštinius. Svoris su sekundekeptuvėir sumažinkite ugnį iki vidutinės-žemos. Kepkite, kol pirmoji pusė taps traški ir auksinė, tada apverskite ir kepkite antrąją, kol sūris išsilydys.

d) Patiekite iš karto, su petražolių-estragono garstyčiomis ant šono, kad apteptumėte, kaip norite.

41. Mahon sūris ant juodųjų alyvuogių duonos

APTARNAVIMAS 4

Ingridientai:

- 8 riekelės juodųjų alyvuogių duonos
- 1 skiltelė česnako, smulkiai pjaustyta
- 4 dideli, riebūs, prinokę, kvapnūs pomidorai
- 1-2 arbatiniai šaukšteliai šviežių čiobrelių lapų
- 8-10 uncijų Mahon, brandinto Gouda arba Mezzo Secco sūrio
- Alyvuogių aliejus duonai tepti

Kryptys

a) 4 duonos riekeles apibarstykite česnaku, tada sluoksniuokite su pomidorais (leiskite jų sultims susigerti į duoną). Pomidorų skilteles apibarstykite čiobrelių lapeliais.
b) Ant viršaus uždėkite sluoksnį sūrio, tada likusią duoną, kad susidarytų 4 sumuštiniai. Suspauskite, kad gerai užsandarintumėte. Kiekvieno išorę aptepkite alyvuogių aliejumi.
c) Įkaitinkite sunkią nepridegančią keptuvę arba sumuštinių presą ant vidutinės-stiprios ugnies ir sudėkite sumuštinius, sumažindami juos. Kepkite

sumuštinius vieną ar du kartus apversdami, kol duona taps traški ir auksinė, o sūris išsilydys, išsiskirs ir šiek tiek sutraškės, kai atsitrenks į keptuvę.

d) Patiekite iš karto.

42. Rūkyta kalakutiena, Taleggio ir Gorgonzola

APTARNAVIMAS4

Ingridientai:

- 1 minkšta, plokščia, erdvi itališka duona, tokia kaip čiabata, arba 4 minkšti itališki/prancūziški suktinukai; jei yra puskepčių, rinkitės šiuos

- 6 uncijos Gorgonzola sūrio, plonai supjaustyto arba stambiai sutrupinto

- 8 uncijos rūkyta kalakutiena, plonais griežinėliais

- 1 vidutinis arba 2 maži traškūs, bet kvapnūs obuoliai, be šerdies, nenulupti ir labai plonais griežinėliais

- 6 uncijos Taleggio, Teleme, Jack arba Tomme de montagne sūrio, supjaustyto į 4 riekeles (Palikti Taleggio žievelę ar ją nupjauti, priklauso nuo jūsų; žievė yra šiek tiek stipraus skonio, kurį kai kurie mėgsta, o kai kurie pabrėžtinai nemėgsta .)

- Alyvuogių aliejus duonai tepti

Kryptys

a) Duoną supjaustykite į 4 vienodo dydžio dalis. Kiekvieną duonos gabalėlį supjaustykite horizontaliai, jei įmanoma, palikite vieną pusę sujungtą.
b) Atidarykite 4 duonos gabalėlius. Viename šoniniame sluoksnyje vienodais kiekiais dėkite gorgonzolą, rūkytą kalakutą ir pjaustytą obuolį. Uždėkite „Taleggio" ir sandariai uždarykite sumuštinius, stipriai paspausdami, kad uždarytumėte.
c) Sumuštinius, viršuje ir apačioje, aptepkite alyvuogių aliejumi, tada įkaitinkite sunkią nepridegančią keptuvę ant vidutinės-stiprios ugnies. Sudėkite sumuštinius į karštą keptuvę ir iškart sumažinkite ugnį iki labai mažos. Svoris viršuje, arba naudokite sumuštinių presą arba panini presą.
d) Kepkite, kol jie taps auksinės rudos spalvos ir apskrus, tada apverskite ir švelniai apkepkite antrąsias puses. Kaskart tikrinkite, ar duona nepridega.
e) Patiekite, kai tik abi pusės apskrus ir sūris išsilydys.

43. Išlydytas Jarlsbergasant Sourdough

APTARNAVIMAS 4

Ingridientai:

- 8 vidutinio storumo riekelės su raugu
- 8 uncijos Jarlsberg arba švelniai tirpstančio sūrio, pavyzdžiui, Jack
- 2 skrudinti raudonieji pipirai, supjaustyti griežinėliais arba 3-4 šaukštai kapotų skrudintų raudonųjų paprikų
- 2 skiltelės česnako, smulkiai supjaustytos
- 2 arbatiniai šaukšteliai susmulkintų šviežių rozmarinų lapelių arba pagal skonį
- Alyvuogių aliejus duonai tepti

Kryptys

a) Ant darbinio paviršiaus išdėliokite 4 duonos riekeles ir apibarstykite sūriu, tada suberkite raudonąją papriką, česnaką ir rozmariną. Ant viršaus uždėkite likusias duonos riekeles ir švelniai suspauskite. Kiekvieno sumuštinio išorę lengvai patepkite aliejumi.

b) Įkaitinkite sunkią neprideganančią keptuvę arba sumuštinių presą ant vidutinės-stiprios ugnies ir sudėkite sumuštinius, dirbdami keliomis partijomis, jei reikia. Sumažinkite ugnį iki vidutinės-žemos, lėtai kepdami sumuštinius (paspauskite mentele, kad jie būtų traškūs), kol išorė lengvai traškuos ir sūris pradės tirpti. Apverskite ir pakartokite antroje pusėje.

c) Kiekvieną sumuštinį patiekite perpjautą pusiau arba ketvirčiais.

44. Vištienos tortas, Queso Fresco ir Gouda

APTARNAVIMAS 4

Ingridientai:

- 2 šalavijų / žolelių dešrelės (apie 14 uncijų), kiaulienos, kalakutienos arba vegetariškos
- 6 uncijos susmulkinto Jack arba vidutinio Asiago sūrio
- 1-2 šaukštai (apie 2 uncijos) šviežiai tarkuoto brandinto sūrio, pavyzdžiui, parmezano, locatelli Romano arba sauso džeko
- 2 žalieji svogūnai, plonais griežinėliais
- 2-3 arbatiniai šaukšteliai grietinės Žiupsnelis kmynų sėklų Žiupsnelis ciberžolės Šaukštelis rudųjų garstyčių
- Žiupsnelis kajeno pipirų arba keli lašai aitriųjų paprikų padažo
- 8 plonos viso grūdo duonos (pvz., kviečių uogų, saulėgrąžų ar daigintų kviečių) duonos riekelės
- 2-3 šaukštai aukščiausios kokybės pirmojo spaudimo alyvuogių aliejaus
- 3 skiltelės česnako, smulkiai supjaustytos

- 1–2 marokietiško stiliaus konservuotos citrinos, gerai nuplautos ir supjaustytos griežinėliais arba susmulkintos
- 1–2 arbatiniai šaukšteliai smulkiai pjaustytų šviežių plokščialapių petražolių

Kryptys

a) Grubiai supjaustykite dešreles, tada greitai apkepkite ant vidutinės ugnies nedidelėje nepridegančioje keptuvėje. Išimkite iš formos, padėkite ant popierinių rankšluosčių ir palikite atvėsti. Palikite keptuvę ant viryklės ir išjunkite ugnį.

b) Vidutiniame dubenyje sumaišykite 2 sūrius su žaliais svogūnais, grietine, kmynų sėklomis, ciberžole, garstyčiomis ir kajeno pipirais. Kai dešra atvės, įmaišykite ją į sūrį.

c) Sukraukite 4 duonos riekeles sūrio ir dešros mišiniu, tada ant viršaus uždėkite antrą duonos gabalėlį. Gerai paglostykite ir lengvai, bet stipriai paspauskite, kad sumuštinis laikytųsi kartu.

d) Įkaitinkite keptuvę ant vidutinės-stiprios ugnies ir įpilkite maždaug pusę alyvuogių aliejaus ir česnako, tada nuspauskite česnaką į vieną pusę ir įdėkite 1 ar 2 sumuštinius, kad ir kiek tilps keptuvėje. Kepkite, kol viena pusė lengvai apskrus ir sūris pradės tirpti.

e) Apverskite ir kepkite antrąją pusę iki auksinės rudos spalvos. Išimkite į lėkštę ir pakartokite su kitais sumuštiniais, česnaku ir aliejumi. Šviesiai parudavusį česnaką galite išmesti arba pakramsnoti; Kad ir ką darytumėte, išimkite jį iš keptuvės, kol jis nepajuodo, nes sudegęs aliejus suteiks kartaus skonio.

f) Patiekite sumuštinius iš karto, karštus, supjaustykite trikampiais ir apibarstę konservuota citrina ir kapotomis petražolėmis.

45. Panini išBaklažanai Parmigiana

APTARNAVIMAS4

Ingridientai:

- ¼ puodelio aukščiausios kokybės pirmojo spaudimo alyvuogių aliejaus arba pagal pageidavimą padalintas
- 1 vidutinis baklažanas, supjaustytas nuo ½ iki ¾ colio storio
- Druska
- 4 dideli minkšti suktinukai, raugo arba saldūs
- 3 skiltelės česnako, susmulkintos
- 8 dideli švieži baziliko lapeliai
- Apie ½ puodelio rikotos sūrio
- 3 šaukštai šviežiai tarkuoto parmezano, pecorino arba locatelli Romano sūrio
- 6-8 uncijos šviežio mocarelos sūrio
- 4 prinokę sultingi pomidorai, plonais griežinėliais (įskaitant jų sultis)

Kryptys

a) Baklažano griežinėlius išdėliokite ant pjaustymo lentos ir gausiai pabarstykite druska. Palikite maždaug 20 minučių arba tol, kol ant baklažano paviršiaus atsiras drėgmės lašeliai. Gerai nuplaukite, tada nusausinkite baklažanus.

b) Sunkioje neprideginčioje keptuvėje ant vidutinės ugnies įkaitinkite 1 valgomąjį šaukštą aliejaus. Įdėkite tiek baklažanų, kiek tilps viename sluoksnyje ir negrūskite vienas kito. Apkepkite baklažano skilteles, judindami jas, kad apskrustų ir iškeptų, bet nesudegtų.

c) Apverskite ir kepkite antroje pusėje, kol ši pusė taip pat lengvai paruduos, o baklažanai suminkštės, kai pradursite šakute. Kai baklažanai iškeps, iškelkite į lėkštę ar keptuvę ir toliau dėkite baklažanus, kol jie visi iškeps. Atidėkite kelioms minutėms.

d) Atidarykite suktinukus ir ištraukite šiek tiek purios pusės, tada kiekvieną išpjautą pusę pabarstykite smulkintu česnaku. Vienoje kiekvieno ritinio pusėje uždėkite po griežinėlį arba 2 baklažano, tada ant viršaus uždėkite lapelį arba 2 baziliko, šiek tiek rikotos sūrio, pabarstykite parmezano ir sluoksnį mocarelos. Užbaikite pjaustytais pomidorais; uždarykite ir švelniai paspauskite, kad susijungtumėte.

e) Tą pačią keptuvę įkaitinkite ant vidutinės-stiprios ugnies arba naudokite panini presą, o sumuštinių išorę lengvai aptepkite alyvuogių aliejumi. Apkepkite arba kepkite ant grotelių sumuštinius, paspausdami, kol jie paruduos ir traškūs.

f) Kai pirmoji pusė apskrus, apverskite ir kepkite antrąją pusę, kol sūris išsilydys. Patiekite iš karto.

46. Ant grotelių kepti baklažanai ir Chaumes,

APTARNAVIMAS 4

Ingridientai:

RAUDONI ČILI AIOLI

- 2-3 skiltelės česnako, susmulkintos
- 4-6 šaukštai majonezo ½ citrinos arba laimo sultys (apie 1 valgomasis šaukštas arba pagal skonį)
- 2-3 arbatiniai šaukšteliai čili miltelių 1 arbatinis šaukštelis paprikos
- ½ arbatinio šaukštelio maltų kmynų Didelis žiupsnelis džiovintų raudonėlio lapų, susmulkintų
- 2 šaukštai aukščiausios kokybės pirmojo spaudimo alyvuogių aliejaus
- Keletas kokteilių dūminio čili padažo, pavyzdžiui, Chipotle Tabasco arba Buffala
- 2 šaukštai stambiai pjaustytos šviežios kalendros
- 1 baklažanas, supjaustytas skersai ¼-½ colio storio griežinėliais Alyvuogių aliejus

- 4 minkšti balti arba raugo vyniotiniai arba 8 riekelės kaimiškos baltos arba raugintos duonos
- ¾ puodelio marinuotų skrudintų raudonųjų ir (arba) geltonųjų paprikų, geriausia sūryme (pirkta arbanaminis,)
- Apie 12 uncijų pusiau minkštas, bet kvapnus sūris

Kryptys

a) Raudonųjų čili Aioli gamyba: nedideliame dubenyje sumaišykite česnaką su majonezu, citrinos sultimis, čili milteliais, paprika, kmynais ir raudonėliais; gerai išmaišykite, kad susimaišytų. Šaukštu arba šluotele įpilkite alyvuogių aliejaus, po kelis arbatinius šaukštelius įpilkite aliejaus ir plakite, kol jis įsimaišys į mišinį, prieš supildami likusį.

b) Kai vientisa masė, pagal skonį sukrėskite rūkyto čili padažo ir galiausiai įmaišykite kalendrą. Uždenkite ir atvėsinkite, kol būsite pasiruošę naudoti. Padaro apie 1/3 puodelio.

c) Norėdami paruošti baklažanus, baklažano skilteles lengvai aptepkite alyvuogių aliejumi ir įkaitinkite sunkią neprideganc̨ią keptuvę ant vidutinės-stiprios ugnies. Keptuvėje apkepkite baklažano skilteles iš abiejų pusių, kol pradurus šakute jos bus švelniai rudos ir minkštos. Atidėti.

d) Sumuštiniams gaminti: Išdėliokite atvirus minkštus ritinėlius ir vidinėje pusėje gausiai sluoksniuokite raudonųjų čili aioli. Vienoje ritinėlių pusėje sudėkite baklažano griežinėlius, tada paprikas, tada sūrio sluoksnį. Uždarykite ir gerai suspauskite. Kiekvieno sumuštinio išorę lengvai patepkite alyvuogių aliejumi.

e) Dar kartą įkaitinkite keptuvę ant vidutinės-stiprios ugnies, tada sudėkite sumuštinius ir sumažinkite ugnį iki vidutinės-mažos. Sumažinkite svorįsumuštiniai, ir kepkite kelias minutes. Kai duonos dugnas bus auksinis ir vietomis šiek tiek parudavęs, apverskite ir kepkite kitą pusę, panašiai pasvertą.

f) **5**Kai ši pusė taip pat yra auksinė ir traški, sūris turi būti išsilydęs ir lipnus; jis gali šiek tiek išsilieti ir traškėti. (Neišmeskite šių skanių traškių gabalėlių, tiesiog uždėkite juos ant kiekvienos lėkštės kartu su sumuštiniu.)

g) Išimkite sumuštinius į lėkštes; supjaustyti puselėmis ir patiekti.

h) Rūkyta šoninė ir Čedarassu Chipotle Relish

i) Dūminio čipoto skonio, aštrių garstyčių tepinėlis, mėsinga dūminė šoninė ir stiprus aitrus Čedaras – šiame didelio skonio sumuštinyje nėra nieko subtilaus. Išbandykite chipotle skonį ir mėsainiame! Stiklinė cerveza su laimo skiltele šone priartėja prie tobulumo.

47. Grybai ir lydytas sūris Pain au Levain

APTARNAVIMAS4

Ingridientai:

- 1–1½ uncijos sausų kiaulienos arba cėpes,
- Apie ½ puodelio riebios grietinėlės
- Druska
- Keletas kajeno pipirų grūdelių
- Keli lašai šviežių citrinų sulčių
- ½ arbatinio šaukštelio kukurūzų krakmolo, sumaišyto su 1 arbatiniu šaukšteliu vandens
- 8 riekelės pain au levain ar kitos prancūziškos duonos
- Apie 1 valgomasis šaukštas minkšto sviesto, skirto tepti ant duonos
- 2 skiltelės česnako, smulkiai supjaustytos
- 8–10 uncijų supjaustyto pecorino, fontina arba Mezzo Secco sūrio
- 4 šaukštai šviežiai tarkuoto parmezano sūrio
- Apie ¼ puodelio smulkiai pjaustytų šviežių česnakų

Kryptys

a) Sunkiame puode sumaišykite grybus ir 2 puodelius vandens. Užvirinkite, sumažinkite ugnį ir troškinkite 10–15 minučių, kol skystis beveik išgaruos, o grybai suminkštės.
b) Įmaišykite grietinėlę ir grįžkite ant ugnies kelioms minutėms, tada pagardinkite druska, vienu ar dviem kajeno grūdeliais ir lašeliu ar dviem citrinos sultimis.
c) Įmaišykite kukurūzų krakmolo mišinį ir kaitinkite ant vidutinės-mažos ugnies, kol sutirštės. Jis turėtų sutirštėti, kai tik kraštai pradeda burbuliuoti. Kadangi grietinėlės tirštumas gali būti įvairus, nėra galimybės tiksliai žinoti, kiek kukurūzų krakmolo jums reikės.
d) Kai mišinys bus pakankamai storas, palikite kambario temperatūroje, kad atvėstų. Vėsdamas jis dar labiau sutirštės. Norisi tirštos tepamos konsistencijos.
e) Išdėliokite visą duoną ir 1 kiekvienos riekelės pusę labai lengvai patepkite sviestu. Apverskite juos visus, tada ant 4 iš jų pabarstykite česnaku. Ant viršaus uždėkite pecorino griežinėlius,

keletą grybų gabalėlių iš padažo ir pabarstykite parmezano.

f) Ant kitų 4 duonos gabalėlių (nesviestuota pusė) storai aptepkite grybų padažą. Sandariai uždarykite sumuštinius. Sviestu pateptos pusės bus išorėje.

g) Ant vidutinės-mažos ugnies įkaitinkite sunkią nepridegančią keptuvę. Sudėkite sumuštinius po 1 arba 2, priklausomai nuo keptuvės dydžio, ir pasverkite juossunki keptuvė).

h) Kepkite, kol duona taps auksinė ir vietomis švelniai apskrus, maloniai traški, o sūris pradės tirštėti. Apverskite ir kartokite, kol antroji pusė pasidarys tokia pat auksinė ir traški kaip pirmoji, paskutinę kepimo minutę į keptuvę suberkite susmulkintą česnaką. Sūris šiuo metu turėtų būti skystas, o plutos pakraštyje šiek tiek sutrupėti.

i) Dėkite į lėkštę, perpjaukite pusiau arba ketvirčiais, lėkštę pabarstykite laiškiniais česnakais. Valgyk iš karto. Nėra nieko taip permirkusio kaip šaltas ant grotelių kepto sūrio sumuštinis.

48. SicilietisSmulkintas sūrissu kaparėliais ir artišokais

APTARNAVIMAS 4

Ingridientai:

- 4-6 marinuotos artišokų širdelės, supjaustytos
- 4 storos kaimiškos duonos riekelės, saldžios arba raugintos
- 12 uncijų provolono, mocarelos, manouri arba kito švelnaus ir lydančio sūrio, susmulkinto
- 2 šaukštai aukščiausios kokybės pirmojo spaudimo alyvuogių aliejaus
- 4 skiltelės česnako, labai plonais griežinėliais arba susmulkintos
- Apie 2 šaukštus raudonojo vyno acto
- 1 valgomasis šaukštas kaparėlių sūryme, nusausintas
- 1 arbatinis šaukštelis susmulkinto džiovinto raudonėlio
- Keletas malimo juodųjų pipirų
- 1-2 arbatiniai šaukšteliai smulkintų šviežių plokščialapių petražolių

Kryptys

a) Iš anksto pašildykite broilerį.
b) Ant duonos išdėliokite artišokus ir padėkite ant kepimo skardos, tada apibarstykite sūriu.
c) Sunkioje nepridegančioje keptuvėje ant vidutinės ir stiprios ugnies įkaitinkite alyvuogių aliejų, tada suberkite česnaką ir lengvai apkepkite. Įpilkite raudonojo vyno acto, kaparėlių, raudonėlio ir juodųjų pipirų ir virkite minutę ar dvi arba tol, kol skysčio sumažės iki maždaug 2 arbatinių šaukštelių. Įmaišykite petražoles. Šaukštu uždėkite sūriu pabarstytą duoną.
d) Kepkite, kol sūris išsilydys, pradės burbuliuoti ir dėmėmis taps auksinės spalvos. Valgyk iš karto.

49. Scaloppine& Pesto sumuštinis

APTARNAVIMAS4

Ingridientai:

- Dvi 4–5 uncijų vištienos krūtinėlės be odos arba kiaulienos, kalakutienos ar veršienos kotletai
- Druska
- Juodasis pipiras
- 2 šaukštai aukščiausios kokybės pirmojo spaudimo alyvuogių aliejaus, padalinti
- 3 skiltelės česnako, susmulkintos, padalintos
- 2 cukinijos, labai plonai supjaustytos ir išdžiovintos
- 2 šaukštai bazilikų pesto arba pagal skonį
- 2 šaukštai tarkuoto parmezano, grana arba locatelli Romano sūrio
- 4 minkšti raugo vyniotiniai arba keturi 6 colių focaccia gabalėliai, perpjauti per pusę
- 8–10 uncijų mocarelos, naminės arba daniškos fontina arba Jack sūrio, supjaustyto

Kryptys

a) Mėsą sutrinkite mėsos plaktuku; jei ji stora, vištieną supjaustykite labai plonais gabalėliais. Pabarstykite druska ir pipirais.

b) Ant vidutinės-stiprios ugnies įkaitinkite sunkią neprideg ančią keptuvę, tada įdėkite 1 valgomąjį šaukštą aliejaus, mėsą ir galiausiai maždaug pusę česnako. Greitai apkepkite mėsą iš vienos pusės, tada iš kitos, tada išimkite iš keptuvės ir ant mėsos užpilkite sulčių ir česnako gabalėlius.

c) Keptuvę grąžinkite ant vidutinės-stiprios ugnies ir įpilkite dar arbatinį šaukštelį aliejaus. Troškinkite cukiniją, kol ji tik suminkštės. Išimkite į dubenį; pagardinti druska ir pipirais. Kai jis atvės, įmaišykite likusį česnaką, pesto ir parmezano sūrį. Palikite mišinį atvėsti dubenyje; nuplaukite ir išdžiovinkite keptuvę.

d) Pirštais išplėškite šiek tiek pūkuotų kiekvieno ritinėlio vidų, kad atsirastų vietos įdarui. Dar kartą įkaitinkite keptuvę ant vidutinio aukščio ir lengvai paskrudinkite perpjautas kiekvieno ritinio puses. Turėsite juos šiek tiek paspausti; jie gali šiek tiek plyšti, bet tai gerai. Jie vėl susijungs, kai bus paruduoti ir suspausti su įdaru.

e) Į pusę kiekvieno ritinio įdėkite kelis šaukštus cukinijų ir pesto mišinio, tada uždėkite mėsos ir mocarelos sluoksnį. Uždarykite ir sandariai suspauskite, kad gerai užsidarytų.

f) Likusiu aliejumi sutepkite sumuštinių išorę. Vėl įkaitinkite keptuvę ant vidutinės-stiprios ugnies.Svorio sumuštiniaipadėti juos nuspausti ir išlaikyti kartu. Sumažinkite ugnį iki vidutinės ir kepkite, kol pirmoji pusė taps traški ir auksinė, o sūris pradės tirpti. Apverskite ir pakartokite.

g) Patiekite, kai sumuštiniai bus traškiai auksiniai, o sūris gundančiai tirpsta.

50. Quesadillas, Piadine ir Pita sumuštiniai

APTARNAVIMAS 4

Ingridientai:

- 12 uncijų šviežios ožkos 3 skiltelės česnako, susmulkintos
- Maždaug 1 colio gabalas šviežio imbiero, stambiai supjaustyto (apie 2 arbatinius šaukštelius)
- 3-4 šaukštai stambiai pjaustytų šviežių mėtų lapelių
- 3-4 šaukštai stambiai pjaustytos šviežios kalendros
- 3 šaukštai natūralaus jogurto
- ½ arbatinio šaukštelio cukraus arba pagal skonį Didelis žiupsnis druskos
- Keli geri Tabasco ar kito aštraus padažo kokteiliai arba ½ šviežios čili, susmulkintos
- 8 miltinių tortilijų
- Sūris su žievele, pvz., Lezay arba Montrachet, supjaustytas nuo ½ iki ¾ colio storio
- Alyvuogių aliejus tortilijų tepimui

Kryptys

a) Virtuviniu kombainu arba trintuvu sutrinkite česnaką su imbieru, tada įpilkite mėtų, kalendros, jogurto, cukraus, druskos ir karšto padažo. Sukite, kol susidarys žalia, šiek tiek tiršta pasta.

b) Išdėliokite 4 tortilijas ir pirmiausia ištepkite jas kalendros ir mėtų mišiniu, tada sluoksniu ožkos sūrio ir ant viršaus uždėkite kitas tortilijas.

c) Kiekvieno sumuštinio išorę lengvai patepkite alyvuogių aliejumi ir po vieną kepkite sunkioje nepridegančioje keptuvėje ant vidutinės ugnies. Kepkite keletą minučių iki šviesiai auksinės spalvos dėmių, šiek tiek paspausdami juos mentele, kol jie kepa.

d) Atsargiai apverskite mentele; kai antroji pusė išmarginta ruda ir auksine spalva, sūris turi išsilydyti. Išimkite iš keptuvės ir supjaustykite griežinėliais.

e) Patiekite iš karto.

51.   Mocarela, Bazilikas Piadine

APTARNAVIMAS 4

Ingridientai:

- 4 piadino arba vidutinio dydžio (12 colių) miltų tortilijos
- 3-4 šaukštai pomidorų pastos
- 1 didelis prinokęs pomidoras, plonais griežinėliais
- 1-2 skiltelės česnako, susmulkintos
- 4-6 uncijos šviežio mocarelos sūrio, supjaustyto
- Apie 12 lapelių Tailando arba Vietnamo baziliko (arba paprasto baziliko)
- Apie 3 uncijos Gorgonzola sūrio, supjaustyto arba susmulkinto
- 2-3 šaukštai šviežiai tarkuoto parmezano ar kito tarkuoto sūrio, pavyzdžiui, Asiago ar grana
- Aukščiausios kokybės pirmojo spaudimo alyvuogių aliejus, skirtas varstymui

Kryptys

a) Iš anksto pašildykite broilerį.

b) Išklokite piadine ant 1 ar 2 kepimo skardų ir jas ištepkite trupučiu pomidorų pastos, tada sluoksniuokite su nedideliu kiekiu pomidorų ir pabarstykite česnaku. Ant viršaus uždėkite mocarelos, baziliko ir gorgonzolos, pabarstykite parmezanu, tada pašlakstykite alyvuogių aliejumi.
c) Kepkite, jei reikia, dirbdami partijomis, kol sūris išsilydys ir sumuštiniai bus karšti. Patiekite iš karto.

52. Kesadilijos ant moliūgų tortilijų

APTARNAVIMAS4

Ingridientai:

- 2 dideli švelnūs žali čili pipirai, tokie kaip Anaheim arba Poblano, arba 2 žalios paprikos
- 1 svogūnas, susmulkintas
- 2 skiltelės česnako, susmulkintos
- 1 valgomasis šaukštas aukščiausios kokybės pirmojo spaudimo alyvuogių aliejaus
- 1 svaro liesos maltos jautienos
- 1/8-¼ arbatinio šaukštelio malto cinamono arba pagal skonį
- ¼ arbatinio šaukštelio maltų kmynų Žiupsnelis maltų gvazdikėlių arba kvapiųjų pipirų
- 1/3 puodeliai sauso šerio arba sauso raudonojo vyno
- ¼ puodelio razinų
- 2 šaukštai pomidorų pastos
- 2 šaukštai cukraus
- Keli kokteiliai raudonojo vyno arba šerio acto

- Druska
- Juodasis pipiras
- Keli kokteiliai kajeno arba Tabasco, jei vietoj čili naudojate papriką
- ¼ puodelio stambiai pjaustytų migdolų
- 2–3 šaukštai stambiai pjaustytos šviežios kalendros ir papildomai papuošimui
- 8 moliūgų tortilijos
- 6–8 uncijos švelnaus sūrio, pavyzdžiui, „Jack", „manchego" arba „Mezzo Secco".
- Alyvuogių aliejus tortilijų tepimui
- Garnyrui apie 2 šaukštus grietinės

Kryptys

a) Skrudinkite čili arba paprikas ant atviros ugnies, kol jie lengvai ir tolygiai apskrus. Įdėkite į plastikinį maišelį ar dubenį ir uždenkite. Atidėkite bent 30 minučių, nes garai padeda atskirti odeles nuo minkštimo.

b) Paruoškite picadillo: svogūną ir česnaką pakepinkite alyvuogių aliejuje ant vidutinės ugnies, kol suminkštės, tada suberkite jautieną ir kepkite kartu maišydami ir sulaužydami mėsą kepdami. Kai mėsa paruduos dėmėmis, pabarstykite cinamonu, kmynais ir gvazdikėliais ir toliau kepkite bei maišykite.

c) Įpilkite šerio, razinų, pomidorų pastos, cukraus ir acto. Virkite kartu apie 15 minučių, kaskart pamaišydami; jei atrodo sausa, įpilkite šiek tiek vandens arba daugiau šerio. Pagardinkite druska, pipirais ir kajenu, pagal skonį sureguliuokite cukrų ir actą. Sudėkite migdolus ir kalendrą ir atidėkite.

d) Iš paprikos pašalinkite odelę, stiebus ir sėklas, tada supjaustykite papriką juostelėmis.

e) Išdėliokite 4 tortilijas ir aptepkite picadillo. Įdėkite skrudintų pipirų juosteles, tada sūrio sluoksnį ir ant kiekvieno uždėkite antrą tortiliją. Tvirtai paspauskite žemyn, kad jie laikytųsi kartu.

f) Ant vidutinės-stiprios ugnies įkaitinkite sunkią nepridegančią keptuvę. Kesadilijų išorę lengvai aptepkite alyvuogių aliejumi ir sudėkite į keptuvę, dirbdami dalimis.

g) Sumažinkite ugnį iki vidutiniškai žemos, rudos iš vienos pusės, tada atsargiai apverskite mentele, jei reikia, ranka. Kepkite antroje pusėje, kol pasidarys auksinės dėmės, o sūris išsilydys.

h) Patiekite iš karto, supjaustykite griežinėliais, papuoškite grietinės ir kalendros gabalėliu.

53. Pepperoni, Provoloneir Pecorino Pita!

APTARNAVIMAS 4

Ingridientai:

- 4 pitos
- ½ puodelio skrudintų, nuluptų ir supjaustytų raudonųjų ir (arba) geltonųjų paprikų
- 2 skiltelės česnako, susmulkintos
- 4 uncijos pepperoni, plonai supjaustyti
- 4 uncijos provolono sūrio, supjaustyto kubeliais
- 2 šaukštai šviežiai tarkuoto pecorino sūrio
- 4 Itališkos arba graikiškos marinuotos paprikos, tokios kaip pepperoncini, plonai supjaustytos
- Alyvuogių aliejus pitai tepti

Kryptys

a) Įpjaukite 1 kiekvienos pitos pusę ir atidarykite jas, kad susidarytumėte kišenės.
b) Į kiekvieną pitą sudėkite paprikas, česnaką, pepperoni, provoloną, pecorino ir paprikas ir paspauskite, kad uždarytumėte. Išorę lengvai patepkite alyvuogių aliejumi.

c) Įkaitinkite sunkią neprideganč ią keptuvę ant vidutinės-stiprios ugnies arba naudokite sumuštinių kepimo aparatą arba panini presą. Sudėkite sumuštinius į keptuvę.
d) Sumažinkite ugnį iki minimumo ir pasverkitesumuštiniai žemyn, paspausdami juos paruduodami. Virkite tik tol, kol sūris išsilydys; nenorite, kad sūriai apskrustų ir apskrustų, tiesiog kad visi įdarai būtų kartu.
e) Patiekite iš karto.

54. Ant grotelių keptos avių sūrio kesadilijos

APTARNAVIMAS 4

Ingridientai:

- 8 didelių miltinių tortilijų
- 1 valgomasis šaukštas susmulkinto šviežio peletrūno
- 2 dideli prinokę pomidorai, plonais griežinėliais
- 8-10 uncijų šiek tiek sauso avies sūrio
- Alyvuogių aliejus, skirtas tortilijų tepimui

Kryptys

a) Išdėliokite tortilijas ant darbinio paviršiaus, pabarstykite peletrūnu ir sluoksniuokite su pomidorais. Ant viršaus uždėkite sūrio ir kiekvieną uždenkite antra tortilija.
b) Kiekvieną sumuštinį aptepkite alyvuogių aliejumi ir ant vidutinės ugnies įkaitinkite sunkią nepridegančią keptuvę arba plokščias groteles. Dirbdami po 1, kepkite kesadiliją iš vienos pusės; kai jis šiek tiek ištepa aukso rudos spalvos ir sūris tirpsta, apverskite ir apkepkite antrąją pusę, kepimo metu spausdami, kad suplotų.
c) Patiekite iš karto, supjaustykite griežinėliais.

55. Ant grotelių keptas čederis, čatnis ir dešra

APTARNAVIMAS4

Ingridientai:

- 1-2 pikantiškos aštrios dešrelės, supjaustytos įstrižai
- 4 pilno grūdo pitos, atsivėrė kišenės
- 3-4 šaukštai saldaus ir aštraus mangų čatnio
- 2 šaukštai susmulkintos šviežios kalendros
- 6-8 uncijos subrendusio Čedaro sūrio, stambiai susmulkinto
- 1 valgomasis šaukštas alyvuogių aliejaus duonai tepti
- 3 šaukštai lukštentų skrudintų saulėgrąžų

Kryptys

a) Supjaustytas dešreles apkepkite keptuvėje ant vidutinės ugnies. Atidėkite juos į šalį, kad nuvarvėtų ant popierinių rankšluosčių.
b) Išdėliokite pitas ant darbinio paviršiaus. Pusę vidinės dalies ištepkite čatniu, tada sudėkite dešrą, kalendrą ir galiausiai sūrį. Lengvai paspauskite, kad užsidarytų, o išorę patepkite alyvuogių aliejumi.

c) Įkaitinkite sunkią nepridegančią keptuvę ant vidutinės-stiprios ugnies arba naudokite panini presą. Sudėkite įdarytas pitas ir lengvai paspauskite; sumažinkite šilumą iki vidutinės ar net vidutinės-žemos. Kepkite iš vienos pusės, kol pasidarys šviesiai auksinės dėmės, o sūris išsilydys; apverskite ir antroje pusėje švelniai paruduokite. Kai sūris išsilydys, išimkite iš keptuvės.
d) Patiekite iš karto, apibarstę saulėgrąžomis, o ant šono pasiūlykite papildomo čatnio aptepimui.

56. Prosciutto ir Taleggio su figomis ant Mesclun

APTARNAVIMAS4

Ingridientai:

- 8 labai plonos duonos arba batono riekelės
- 3 šaukštai aukščiausios kokybės pirmojo spaudimo alyvuogių aliejaus, padalinti
- 3-4 uncijos prosciutto, supjaustytas į 8 griežinėlius
- 8 uncijos prinokusio Taleggio sūrio, supjaustyto į aštuonis $\frac{1}{4}$ colio storio gabalėlius
- 4 didelės saujos salotų mišinio (mesclun)
- 2 šaukštai kapotų šviežių česnakų
- 2 šaukštai susmulkintos šviežios vyšnios
- 1 valgomasis šaukštas šviežių citrinų sulčių Druska
- Juodasis pipiras
- 6 prinokusios juodosios figos, supjaustytos ketvirčiais
- 1-2 arbatiniai šaukšteliai balzamiko acto

Kryptys

a) Duoną lengvai patepkite nedideliu kiekiu alyvuogių aliejaus ir išdėliokite ant kepimo skardos. 2 Įkaitinkite orkaitę iki 400°F. Padėkite duoną ant aukščiausios grotelės ir kepkite apie 5 minutes arba tol, kol ji tik pradės traškėti. Išimkite ir palikite atvėsti, apie 10 minučių.

b) Kai atvės, prosciutto riekeles apvyniokite aplink Taleggio riekeles ir kiekvieną uždėkite ant duonos gabalėlio. Skirkite šiek tiek laiko, kol ruošite salotas.

c) Sumaišykite žalumynus su maždaug 1 šaukštu alyvuogių aliejaus, laiškiniais česnakais ir vyšniomis, tada įmaišykite su citrinos sultimis, druska ir pipirais pagal skonį. Išdėliokite 4 lėkštėse ir papuoškite figų ketvirčiais.

d) Aptepkite prosciutto gabalėlių viršūnes likusiu alyvuogių aliejumi, tada sudėkite į didelę orkaitei atsparią keptuvę ir kepkite 5–7 minutes arba tol, kol sūris pradės tirštėti, o prosciutto traškūs aplink kraštus.

e) Greitai išimkite siuntinius ir išdėliokite ant kiekvienos salotos, tada į karštą keptuvę sukrėskite balzamiko acto. Pasukite, kad sušiltų, tada užpilkite ant salotų ir skrebučių. Patiekite iš karto.

57. Fontinasu rukola, mizuna ir kriaušėmis

APTARNAVIMAS4

Ingridientai:

- 8 riekelės raugintos duonos apie 6 uncijos bresaola, plonais griežinėliais
- 6–8 uncijos riešutinis, kvapnus, tirpstantis sūris, pavyzdžiui, fontina, Jarlsberg arba Emmentaler
- Maždaug 4 puodeliai sumaišyti kūdikių rukolą ir mizuną arba kitus švelnius žalumynus, tokius kaip pavasarinis mišinys
- 2 prinokusios, bet tvirtos kriaušės, plonais griežinėliais arba susmulkintos, apšlakstytos trupučiu citrinos sulčių, kad neparuduotų
- 1 askaloninis česnakas, susmulkintas
- 1 valgomasis šaukštas balzamiko acto
- 2 šaukštai aukščiausios kokybės pirmojo spaudimo alyvuogių aliejaus ir dar daugiau druskos teptukui
- Juodasis pipiras

Kryptys

a) Ant darbinio paviršiaus išdėliokite 4 duonos gabalėlius ir iš vienos pusės padėkite bresaola, tada apibarstykite sūriu, o pabaigdami uždėkite kitas raugo riekeles. Lengvai, bet tvirtai suspauskite, kad užsandarintumėte.
b) Tuo tarpu dubenyje sumaišykite žalumynus su pjaustytomis kriaušėmis. Atidėti.
c) Mažame dubenyje sumaišykite askaloninius česnakus su balzamiko actu ir 2 šaukštais alyvuogių aliejaus, tada pagal skonį pagardinkite druska ir pipirais. Atidėti.
d) Sumuštinius aptepkite nedideliu kiekiu alyvuogių aliejaus. Įkaitinkite sumuštinių presą arba sunkią nepridegančią keptuvę ant vidutinės-stiprios ugnies, tada sudėkite sumuštinius į keptuvę. Tikriausiai tai turėsite padaryti 2 partijomis.Pasverkite sumuštinius. Kepkite, kol duona taps traški ir auksinės spalvos, tada apverskite ir kartokite antroje pusėje, kol sūris išsilydys.
e) Prieš pat sumuštiniams ruošiant, supilkite salotas su padažu. Paskirstykite salotas į 4 lėkštes. Kai sumuštiniai bus paruošti, išimkite iš keptuvės, supjaustykite ketvirčiais ir dėkite po 4 ant kiekvienos salotų lėkštės.
f) Patiekite iš karto.

58. Chèvre sumuštiniai salotose

APTARNAVIMAS 4

Ingridientai:

- Apie ½2 batono, supjaustyto į 12 įstrižų, maždaug ½ colio storio griežinėlių
- 2 šaukštai aukščiausios kokybės pirmojo spaudimo alyvuogių aliejaus arba pagal poreikį
- 3 uncijos ožkos sūris su žievele, pvz., Lezay, supjaustytas nuo ¼ iki ½ colio storio
- Gausus žiupsnelis džiovintų arba šviežių čiobrelių lapelių
- Juodasis pipiras
- 1 valgomasis šaukštas raudonojo vyno acto, padalintas
- Maždaug 6 puodeliai sumaišytų žalumynų, pavyzdžiui, pavasario mišinio, įskaitant šiek tiek jauno frisée ir rukolos
- 2 šaukštai kapotų šviežių petražolių, laiškinių česnakų, vyšnių arba jų derinio
- 1 valgomasis šaukštas graikinių riešutų aliejaus
- ¼ puodelio graikinių riešutų gabalėlių

Kryptys

a) Iš anksto pašildykite broilerį.

b) Batono riekeles aptepkite trupučiu alyvuogių aliejaus, tada padėkite ant kepimo skardos ir kepkite apie 5 minutes arba iki auksinės spalvos tik iš vienos pusės. Išimkite iš broilerio.

c) Paskrudintą duoną apverskite ir ant neskrudintų pusių uždėkite griežinėlį ar 2 ožkos sūrio. Kiekis, kurį sunaudosite vienam sumuštiniui, priklausys nuo jūsų batono riekelių dydžio. Viršus apšlakstykite trupučiu alyvuogių aliejaus, pabarstykite čiobreliais ir juodaisiais pipirais, tada ant sūrių užlašinkite kelis lašus acto.

d) Tuo tarpu išmeskite salotas su kapotomis žolelėmis ir aptepkite graikinių riešutų aliejumi bei likusiu alyvuogių aliejumi ir actu bei pabarstykite graikinių riešutų gabalėliais. Išdėliokite 4 didelėse lėkštėse arba sekliuose sriubos dubenėliuose.

e) Ožkos sūriu padengtus skrebučius padėkite po broileriu ir kepkite apie 5 minutes arba kol sūris suminkštės, o viršus vietomis pradės burbuliuoti, o sūris įgaus aukso rudos spalvos atspalvį.

f) Ant kiekvienos lėkštės paruoštų salotų iš karto uždėkite 3 karštus sumuštinius su ožkos sūriu ir patiekite iš karto.

59.   Sumuštiniai Halloumisu kalkėmis

APTARNAVIMAS 4

Ingridientai:

- 1 galva sviesto arba Boston Bibb salotos, nupjautos ir suskirstytos į lapus
- 1 švelnus baltas svogūnas, nuluptas ir plonais griežinėliais skersai
- 4 šaukštai aukščiausios kokybės pirmojo spaudimo alyvuogių aliejaus, padalinti
- 1 arbatinis šaukštelis baltojo vyno acto
- 3 dideli prinokę pomidorai, supjaustyti griežinėliais
- Druska
- Juodasis pipiras
- ½ batono, supjaustyto į 12 įstrižų maždaug ½ colio storio griežinėlių
- 12 uncijų halloumi, supjaustytas maždaug ½ colio storio
- 2 laimai, supjaustyti griežinėliais (arba maždaug 2 šaukštai šviežių laimo sulčių) Žiupsnelis džiovinto raudonėlio

Kryptys

a) Iš anksto pašildykite broilerį.
b) Dideliame dubenyje suberkite salotas ir svogūną, tada užpilkite maždaug 2 šaukštais alyvuogių aliejaus ir acto. Padalinkite į 4 lėkštes, tada kiekvieną papuoškite pomidorų griežinėliais; pabarstykite salotas druska, pipirais ir atidėkite.
c) Batono riekeles aptepkite alyvuogių aliejumi, dėkite ant kepimo skardos ir lengvai apkepkite iš abiejų pusių. Atidėti.
d) Halloumi išdėliokite ant kepimo skardos ir aptepkite alyvuogių aliejumi. Apkepkite iš vienos pusės, kol paruduos dėmės, tada išimkite. Kiekvieną sūrio griežinėlį apverskite ir padėkite ant skrebučio, tada vėl aptepkite alyvuogių aliejumi ir grįžkite į broilerį. Kepkite, kol sušils ir lengvai paruduos dėmėmis.
e) Ant kiekvienos salotos uždėkite 3 karštus skrebučius su halloumi, išspauskite laimo sultis ant haloumi ir leiskite šiek tiek aptepti salotas. Pabarstykite raudonėliais ir patiekite.

60. TriufelisSkrudinta duona & Arugula salotos

APTARNAVIMAS 4

Ingridientai:

- 4 gana storos griežinėliai pain au levain, kiekvienas gabalas perpjautas ketvirčiais

- Apie 2 arbatinius šaukštelius triufelių aliejaus arba pagal skonį (įvairių trumų aliejų skoniai labai skiriasi)

- 2 prinokę St. Marcellin sūriai (kiekvienas apie 2 $\frac{1}{2}$ uncijos)

- Žiupsnelis druskos

- Maždaug 8 uncijos jaunų arugulos lapų (apie 4 puodeliai laisvai supakuoti)

- 2 šaukštai aukščiausios kokybės pirmojo spaudimo alyvuogių aliejaus Keli kokteiliai šerio acto

Kryptys

a) Įkaitinkite orkaitę iki 400°F.
b) Pain au levain gabalėlius išdėliokite ant kepimo skardos ir lengvai paskrudinkite orkaitėje iš abiejų pusių. Išimkite iš orkaitės ir kiekvieną apšlakstykite trupučiu triufelių aliejaus, tada

ant kiekvieno skrebučio uždėkite apie 1 valgomąjį šaukštą St. Marcellin sūrio.
c) Sūrį lengvai pabarstykite žiupsneliu druskos. Kelioms akimirkoms grįžkite į orkaitę.
d) Tuo tarpu rukolą išdėliokite 4 lėkštėse. Ant kiekvienos lėkštės pakratykite šiek tiek alyvuogių aliejaus, šiek tiek triufelių aliejaus ir kelis lašus šerio acto. Nemėtykite, tiesiog leiskite lašeliams gulėti ant lėkščių.
e) Išimkite sūrio skrebučius iš orkaitės tik po 30–45 sekundžių. Jūs nenorite, kad sūris visiškai išsilydytų arba čirškėtų ir taptų riebus; norite, kad jis taptų šiek tiek šiltas ir kreminis.
f) Ant kiekvienos salotų lėkštės uždėkite 4 karštus skrebučius ir nedelsdami patiekite.

61. Skrudinta duona su braškėmis ir grietinėlės sūriu

APTARNAVIMAS 4

Ingridientai:

- 8 vidutinio storumo riekelės minkštos, saldžios baltos duonos, tokios kaip chala arba brioche
- 8-12 šaukštų (apie 8 uncijos) grietinėlės sūrio (tinka mažai riebalų)
- Apie ½ puodelio braškių konservų
- 1 puodelis (apie 10 uncijų) supjaustytų braškių
- 2 dideli kiaušiniai, lengvai paplakti
- 1 kiaušinio trynys
- Apie ½ puodelio pieno (tinka mažai riebalų)
- Švelnus vanilės ekstraktas
- Cukrus
- 2-4 šaukštai nesūdyto sviesto
- ½ arbatinio šaukštelio šviežių citrinų sulčių
- ½ stiklinės grietinės
- Kelios šakelės šviežios mėtų, plonai supjaustytos

Kryptys

a) 4 duonos riekeles storai aptepkite kreminiu sūriu, šiek tiek siaurindami į šonus, kad grietinėlės sūris neišsiskverbtų gaminant, tada aptepkite kitas 4 duonos riekeles su konservais.
b) Ant kreminio sūrio viršaus pabarstykite lengvą braškių sluoksnį.
c) Ant kiekvieno sūrio užtepėlės gabalėlio užtepkite duonos gabalėlį. Švelniai, bet tvirtai paspauskite, kad užsandarintumėte.
d) Sekliame dubenyje sumaišykite kiaušinius, kiaušinio trynį, pieną, vanilės ekstraktą ir apie 1 šaukštą cukraus.
e) Ant vidutinės-stiprios ugnies įkaitinkite sunkią nepridegančią keptuvę. Sudėkite sviestą. Kiekvieną sumuštinį po vieną panardinkite į dubenį su pienu ir kiaušiniu. Leiskite mirkyti akimirką ar 2, tada apverskite ir pakartokite.
f) Sumuštinius sudėkite į karštą keptuvę su lydytu sviestu ir leiskite jiems iškepti iki auksinės rudos spalvos. Apverskite ir lengvai apkepkite antrąsias puses.
g) Tuo tarpu likusias braškes sumaišykite su cukrumi pagal skonį ir citrinos sultimis.

h) Patiekite kiekvieną sumuštinį, kai tik jis bus paruoštas, papuoškite šaukštu ar 2 braškėmis ir šaukšteliu grietinės.

i) Jas taip pat pabarstykite šiek tiek mėtų.

62. Duonos pudingasSumuštiniai

APTARNAVIMAS4

Ingridientai:

- ¾ puodelio supakuoto šviesiai rudojo cukraus
- ¼ puodelio cukraus, padalintas
- 5-6 gvazdikėliai
- 1/8 arbatiniai šaukšteliai malto cinamono, plius papildomai užpurtyti ant viršaus
- 1 didelis aštrus obuolys, pvz., Granny Smith, nenuluptas ir plonais griežinėliais
- ¼ puodelio razinų
- ½ arbatinio šaukštelio vanilės ekstrakto
- 8 storio (¾-1 colio) prancūziškos duonos riekelės, geriausia pasenusios
- 6-8 uncijos švelnaus tirpstančio sūrio, pvz., Džeko, arba labai švelnaus baltojo Čedaro, supjaustyto
- ½ puodelio susmulkintų blanširuotų migdolų arba pušies riešutų
- Apie 3 šaukštus sviesto

- 1 valgomasis šaukštas alyvuogių aliejaus

Kryptys

a) ašPuode storu dugnu sumaišykite rudąjį cukrų su 2 šaukštais cukraus, gvazdikėliais ir cinamonu. Įpilkite 2 puodelius vandens ir gerai išmaišykite.

b) Padėkite ant vidutinės-stiprios ugnies ir užvirinkite, tada sumažinkite ugnį iki vidutinės-mažos, kol skystis pasidarys lengvai burbuliuojantis. Virkite 15 minučių arba tol, kol susidarys sirupas. Sudėkite obuolių skilteles ir razinas, tada kepkite dar 5 minutes. Nukelkite nuo ugnies ir suberkite vanilę.

c) Aišdėliokite duonos riekeles ant darbastalio. Ant kiekvieno duonos gabalėlio užpilkite karšto sirupo, po kelis šaukštus. Atsargiai apverskite kiekvieną gabalėlį, o antrąsias puses apšlakstykite karštu sirupu. Palikite apie 30 minučių.

d) Ant duonos užpilkite šiek tiek daugiau sirupo, maždaug po vieną šaukštą duonos riekei. Duona taps gana minkšta ir gali subyrėti, nes sugers saldų sirupą, todėl būkite atsargūs su ja. Palikite dar maždaug 15 minučių.

e) Ant 4 mirkytos duonos riekelių uždėkite vieną riekelę sūrio. Ant kiekvieno uždėkite maždaug $\frac{1}{4}$

obuolių, razinų ir pabarstykite migdolų (pasidėkite šiek tiek pabaigai). Ant viršaus uždėkite likusias duonos riekeles, kad susidarytų 4 sumuštiniai. Spauskite kartu.

f) Ant vidutinės ir stiprios ugnies įkaitinkite sunkią neprideganč ią keptuvę, tada įpilkite maždaug po 1 šaukštą sviesto ir alyvuogių aliejaus. Kai sviestas suputos ir paruduos, sudėkite sumuštinius. Sumažinkite ugnį iki vidutinės ir virkite, švelniai spausdami mentele. Sureguliuokite ugnį, kol sumuštiniai paruduos, kiek reikia sumažindami, kad cukrus sirupe paruduotų, bet nesudegtų.

g) Sumuštinius keletą kartų apverskite, į keptuvę įpilkite daugiau sviesto, stebėkite, kad sumuštiniai nesubyrėtų. Spauskite kaskart, kol sumuštinių išorė paruduos ir taps traški, o sūris išsilydys.

h) Likus minutei ar 2, kol jie pasieks šią būseną, sumeskite likusius migdolus į keptuvę ir leiskite jiems lengvai paskrudinti ir paruduoti. Sumuštinius ir migdolus pabarstykite likusiais 2 šaukštais cukraus.

i) Patiekite iš karto, kiekvieną sumuštinį apibarstę skrudintais migdolais.

63. Grūdų ir sūrio mėsainis

Išeiga: 4 porcijos

Ingridientai:

- 1½ stiklinės grybų, pjaustytų
- ½ stiklinės žalių svogūnų, supjaustytų
- 1 valgomasis šaukštas margarino
- ½ puodelio valcuotų avižų, įprastų
- ½ puodelio rudųjų ryžių, virti
- ⅔ puodelis Susmulkintas sūris, mocarela
- Arba čederis
- 3 šaukštai graikinių riešutų, susmulkintų
- 3 šaukštai varškės arba rikotos sūrio
- Mažai riebalų
- 2 dideli kiaušiniai
- 2 šaukštai petražolių, kapotų
- Druska pipirai

Kryptys

a) 10–12 colių neprideginčioje keptuvėje ant vidutinės ugnies kepkite grybus ir žaliuosius svogūnus margarine, kol daržovės suminkštės, maždaug 6 minutes. Suberkite avižas ir maišykite 2 minutes.

b) Nukelkite nuo ugnies, leiskite šiek tiek atvėsti, tada įmaišykite virtus ryžius, sūrį, graikinius riešutus, varškę, kiaušinius ir petražoles. Įberkite druskos ir pipirų pagal skonį. Ant aliejumi išteptos 12x15 colių kepimo skardos suformuokite 4 paplotėlius, kurių kiekvienas yra $\frac{1}{2}$ colio storio.

c) Kepkite 3 colius nuo ugnies, vieną kartą apversdami, iš viso 6–7 minutes. Patiekite ant duonos su majonezu, svogūnų žiedais ir salotomis.

64. Juodasis angus mėsainis su čederio sūriu

Išeiga: 1 porcija

Ingridientai:

- 2 svarai maltos anguso jautienos
- 3 ant grotelių keptos poblano paprikos, be sėklų ir; supjaustykite trečdaliais
- 6 riekelės geltonojo čederio sūrio
- 6 mėsainių suktinukai
- Vaikiškos raudonojo ąžuolo salotos
- Marinuoti raudonieji svogūnai
- Poblano pipirų vinaigretė
- Druska ir šviežiai malti juodieji pipirai

Kryptys

a) Paruoškite malkų ar anglies ugnį ir leiskite jai sudegti iki žarijų.

b) Dideliame dubenyje anguso jautieną pagardinkite druska ir pipirais. Laikyti šaldytuve, kol paruošta naudoti. Paruošę naudoti, suformuokite į 1 colio storio diskus.

c) Kepkite ant grotelių penkias minutes iš kiekvienos pusės, kad gautumėte vidutiniškai. Per paskutines penkias minutes apibarstykite čederio sūriu. Baigus kepti ant vieno vyniotinio pusės uždėkite mėsainį, o ant viršaus uždėkite raudonojo ąžuolo, poblano pipirų, vinigreto ir marinuotų raudonųjų svogūnų. Patiekite iš karto.

65. Ant grotelių kepto amerikietiško sūrio ir pomidorų sumuštinis

Išeiga: 4 porcijos

Ingridientai:

- 8 riekelės baltos duonos
- Sviestas
- Paruoštos garstyčios
- 8 riekelės amerikietiško sūrio
- 8 griežinėliai pomidorų

Kryptys

a) Kiekvienam sumuštiniui ištepkite 2 riekeles baltos duonos. Sviestu nepateptus šonus patepkite paruoštomis garstyčiomis ir tarp duonos, sviestu pateptomis pusėmis į viršų, įdėkite 2 riekeles amerikietiško sūrio ir dvi riekeles pomidoro.

b) Apkepkite keptuvėje iš abiejų pusių arba kepkite ant grotelių, kol sūris išsilydys.

66. Ant grotelių keptas obuolys ir sūris

Išeiga: 2 porcijos

Ingridientai:

- 1 mažas Red Delicious obuolys
- ½ puodelio 1% neriebios varškės
- 3 šaukštai Smulkiai supjaustyto violetinio svogūno
- 2 Surdough angliškos bandelės, padalintos ir paskrudintos
- ¼ puodelio trupinto mėlynojo sūrio

Kryptys

a) Obuolio šerdį ir supjaustykite skersai 4 (¼ colio) žiedais; atidėti.

b) Mažame dubenyje sumaišykite varškę ir svogūną ir gerai išmaišykite. Ant kiekvienos bandelės pusės užtepkite apie 2–2 šaukštus varškės mišinio.

c) Ant kiekvienos bandelės pusės uždėkite 1 obuolio žiedą; obuolių žiedus tolygiai pabarstykite trupintu pelėsiniu sūriu. Padėkite ant kepimo skardos.

d) Kepkite 3 colius nuo ugnies $1-\frac{1}{2}$ minutės arba tol, kol mėlynasis sūris išsilydys.

67. Ant grotelių kepti baklažanų ir sūrio siuntiniai

Išeiga: 1 porcija

Ingridientai:

- 250 gramų kūdikių baklažanų; supjaustyti griežinėliais
- 4 šaukštai alyvuogių aliejaus
- 250 gramų kieto ožkos sūrio
- Nutarkuota 1 citrinos žievelė ir sultys
- 1 20 gramų šviežių plokščialapių petražolių; smulkiai supjaustyta
- 1 15 gramų baziliko lapelių; suplėšyti į gabalus
- Druska ir šviežiai malti juodieji pipirai

Kryptys

a) Įkaitinkite grilį iki vidutinės ugnies.

b) Baklažano griežinėlius sudėkite ant kepsninės ir lengvai aptepkite 1-2 šaukštais aliejaus. Kepkite po 2-3 minutes iš kiekvienos pusės arba iki auksinės rudos spalvos ir minkštos. Leiskite atvėsti.

c) Dubenyje sumaišykite kubeliais pjaustytą sūrį su citrinos žievele ir sultimis bei šiek tiek plokščių petražolių lapelių ir baziliku.

d) Ant baklažano riekelės uždėkite sūrio gabalėlį. Susukite ir pritvirtinkite kokteiline lazdele. Kartokite šį procesą, kol bus panaudoti visi ingredientai.

e) Sudėkite suktinukus į serviravimo dubenį, apšlakstykite likusiu aliejumi ir pabarstykite likusiomis žolelėmis ir pagardinkite.

68. Ant grotelių kepti mėlynojo pelėsinio sūrio sumuštiniai su graikiniais riešutais

Išeiga: 1 porcija

Ingridientai:

- 1 stiklinės trupinto pelėsinio sūrio; (apie 8 uncijos)
- ½ stiklinės smulkiai pjaustytų skrudintų graikinių riešutų
- 16 riekelių pilno grūdo kviečių duonos; apkarpytas į
- ; be plutos 3 colių
- ; kvadratai
- 16 mažų rėžiukų šakelių
- 6 šaukštų sviesto; (3/4 lazdelės)

Kryptys

a) Sūrį ir graikinius riešutus padalinkite po lygiai į 8 duonos kvadratus. Ant kiekvienos viršaus pabarstykite 2 rėžiukų šakelėmis.

b) Pabarstykite pipirais ir ant viršaus uždėkite likusius duonos kvadratėlius, kad gautumėte 8 sumuštinius. Švelniai suspauskite, kad priliptų. (Galima pagaminti prieš 4 valandas. Uždenkite ir atvėsinkite.)

c) Ant vidutinės ugnies ištirpinkite 3 šaukštus sviesto didelėje nepridegančioje keptuvėje arba keptuvėje. Kepkite 4 sumuštinius ant grotelių, kol pasidarys aukso rudos spalvos ir sūris išsilydys, maždaug 3 minutes kiekvienoje pusėje.

d) Perkelkite į pjaustymo lentą. Pakartokite su likusiais 3 šaukštais sviesto ir 4 sumuštiniais.

e) Sumuštinius perpjaukite įstrižai per pusę. Perkelkite į lėkštes ir patiekite.

69. Ant grotelių kepti čederio sūrio ir kumpio sumuštiniai

Išeiga: 1 porcija

Ingridientai:

- ¼ puodelio (1/2 lazdelės) sviesto; kambario temperatūra
- 1 valgomasis šaukštas Dižono garstyčių
- 2 arbatiniai šaukšteliai maltų šviežių čiobrelių
- 2 arbatiniai šaukšteliai maltų šviežių petražolių
- 8 6x4 colių kaimiškos duonos riekelės; (apie 1/2 colio storio)
- ½ svaro Čedaro sūrio; plonais griežinėliais
- ¼ svaro Smulkiai pjaustytas rūkytas kumpis
- ½ mažo raudonojo svogūno; plonais griežinėliais
- 1 didelio pomidoro; plonais griežinėliais

Kryptys

a) Dubenyje sumaišykite pirmuosius 4 ingredientus. Pagardinkite druska ir pipirais. Ant darbinio paviršiaus išdėliokite 4 duonos riekeles.

b) Pusę sūrio po lygiai paskirstykite duonos riekelėms. Ant viršaus uždėkite kumpio, tada svogūną, pomidorą ir likusį sūrį. Viršutiniai sumuštiniai su likusia duona. Sumuštinių viršūnes ir apačias ištepkite žolelių sviestu.

c) Įkaitinkite didelę nepridegančią keptuvę ant vidutinės ugnies. Sudėkite sumuštinius ir kepkite, kol dugnas taps auksinis, maždaug 3 minutes. Apverskite sumuštinius, uždenkite keptuvę ir kepkite, kol sūris išsilydys ir duona taps auksinės spalvos, maždaug 3 minutes.

70. Vakarėlis Ant grotelių keptas sūris ir šoninė

Išeiga: 100 porcijų

Ingridientai:

- 12 svarų šoninės; supjaustyti
- 5 3/16 svarų sūrio
- 2 svarų sviesto atspaudas tikrai
- 200 riekelių duonos

Kryptys

a) Apkepkite šoninę

b) Ant kiekvieno sumuštinio uždėkite 1 gabalėlį sūrio ir 2 griežinėlius šoninės.

c) Sumuštinių viršų ir apačią lengvai patepkite sviestu arba margarinu.

d) Kepkite ant grotelių, kol sumuštiniai lengvai apskrus iš abiejų pusių ir išsilydys sūris.

71. Ant grotelių kepto sūrio bruschetta

Išeiga: 4 porcijos

Ingridientai:

- 8 (1/2 colio) storio kaimiškos duonos riekelės
- ¼ puodelio alyvuogių aliejaus, sumaišyto su 4 skiltelėmis susmulkinto česnako
- 1 puodelis Monterey Jack sūrio, smulkiai tarkuoto
- 8 uncijos minkšto ožkos sūrio
- 2 šaukštai stambiai maltų juodųjų pipirų
- 2 šaukštai Smulkiai pjaustytų raudonėlių

Kryptys

a) Įkaitinkite grilį. Kiekvieną duonos riekelę aptepkite česnakiniu aliejumi. Kepkite ant grotelių, aliejaus puse žemyn iki šviesiai auksinės rudos spalvos.

b) Apverskite kiekvieną griežinėlį ir uždėkite 2 šaukštus Monterey Jack, 1 uncija ožkos sūrio, juodųjų pipirų ir raudonėlio.

c) Kepkite ant grotelių, kol sūris tik pradės tirpti.

72.   Ant grotelių kepto sūrio burbuliukai

Išeiga: 4 porcijos

Ingridientai:
- 8 griežinėliai Raugas arba daugiagrūdis
- duona
- ½ puodelio spanguolių padažo
- 6 uncijos kalakutienos, virta ir supjaustyta
- 4 uncijos Čedaro sūris, švelnus arba
- Aštrus, plonai supjaustytas
- Sviestas

Kryptys

a) 4 duonos riekeles aptepkite spanguolių padažu; ant viršaus uždėkite kalakutienos, sūrio ir likusių duonos riekelių.

b) Lengvai aptepkite sumuštinius išorėje su sviestu; kepkite didelėje keptuvėje ant vidutinės-mažos ugnies, kol apskrus iš abiejų pusių.

73. Ant grotelių keptas sūris prancūziškuose skrebučiuose

Išeiga: 4 porcijos

Ingridientai:

- 2 kiaušiniai – sumušti
- ¼ puodelio pieno
- ¼ puodelio sauso šerio
- ¼ arbatinio šaukštelio Vusterio padažo
- 8 riekelės baltos duonos arba viso grūdo duonos
- 4 riekelės Čedaro sūrio

Kryptys

a) Sekliame dubenyje sumaišykite kiaušinius, pieną, cheresą ir Vusteršyrą.

b) Sudėkite 4 sumuštinius su sūriu, kiekvieną panardinkite į kiaušinių mišinį ir lėtai kepkite svieste, vieną kartą apversdami, kad abi pusės būtų auksinės rudos spalvos.

74. Ant grotelių keptas sūrio kepalas

Išeiga: 10 porcijų

Ingridientai:

- 1 pakuotė (3 oz.) kreminio sūrio; suminkštėjo
- 2 šaukštai sviesto arba margarino; suminkštėjo
- 1 puodelis susmulkinto mocarelos sūrio
- ¼ puodelio pjaustytų žaliųjų svogūnų su viršūnėlėmis
- ½ arbatinio šaukštelio česnako druskos
- 1 kepalas prancūziškos duonos; supjaustyti

Kryptys

a) Dubenyje suplakite kreminį sūrį ir sviestą. Įpilkite sūrio, svogūnų ir česnako druskos; gerai ismaisyti. Aptepkite kiekvieną duonos riekelę iš abiejų pusių. Apvyniokite kepalą į didelį gabalą patvarios folijos; sandariai užsandarinkite.

b) Kepkite ant grotelių, uždengę ant vidutinių anglių 8-10 minučių, vieną kartą apversdami. Išvyniokite foliją; kepkite ant grotelių 5 minutes ilgiau.

75. Ant grotelių kepto sūrio sumuštinių pyragas

Išeiga: 4 porcijos

Ingridientai:

- 1 Kiaušinis
- 1 puodelis Pieno
- ¾ stiklinės miltų
- 2½ puodelio Meunster sūrio - susmulkintas
- ½ arbatinio šaukštelio druskos
- 2 puodeliai kumpio, trupinto šoninės --
- Supjaustyti kubeliais
- ⅛ arbatinio šaukštelio pipirų
- Grybas
- 1 arbatinis šaukštelis raudonėlio
- Paprikos

Kryptys

a) Mažame dubenyje sumaišykite kiaušinį, miltus, druską, pipirus ir pusę pieno.

b) Sukamuoju plaktuvu plakite iki vientisos masės. Supilkite likusį pieną ir plakite, kol gerai susimaišys. Įmaišykite $\frac{1}{2}$ sūrio ir kumpio arba šoninės ir supilkite į riebalais išteptą 8 colių pyrago formą arba 2 litrų kepimo indą.

c) Kepkite 425 F temperatūroje 30 minučių. Ant viršaus pabarstykite likusį sūrį ir kepkite, kol sūris išsilydys (2 min.)

76. Ant grotelių keptas sūris su artišokais

Išeiga: 4 porcijos

Ingridientai:

- 2 arbatiniai šaukšteliai Dižono garstyčių
- 8 uncijos sumuštinių suktinukai, (4 suktinukai) padalinti ir paskrudinti
- ¾ uncijos neriebaus amerikietiško sūrio griežinėliai, (8 griežinėliai)
- 1 puodelis supjaustytų nusausintų konservuotų artišokų širdelių
- 1 pomidoras, supjaustytas 1/4 colio storio
- 2 šaukštai Itališko užpilo be aliejaus

Kryptys

a) Ant kiekvieno ritinio viršutinės pusės paskleiskite ½ arbatinio šaukštelio garstyčių; atidėti.

b) Apatines suktinukų puses sudėkite ant kepimo skardos. Ant kiekvieno uždėkite 2 sūrio griežinėlius, ¼ puodelio supjaustyto artišoko ir 2 pomidorų griežinėliais; kiekvieną apšlakstykite 1-1/2 arbatinio šaukštelio padažu. Kepkite 2 minutes arba kol sūris išsilydys. Uždenkite ritinėlių viršūnėmis. Išeiga: 4 porcijos.

77. Ant grotelių keptas sūris su olivada

Išeiga: 1 porcija

Ingridientai:

- 2 riekelės Baltos arba kiaušininės duonos; (Challah)
- Nedidelis majonezo kiekis
- šveicariškas sūris
- Plonos prinokusių pomidorų griežinėliai
- Druskos ir pipirų

Kryptys

a) Kiekvieną duonos riekelę patepkite olivada ir trupučiu majonezo.

b) Tarp duonos įdėkite gabalėlį ar du sūrio gabalėlį su pomidoro griežinėliu arba be jo.

c) Kepkite arba kepkite sumuštinį iš kiekvienos pusės, kol sūris išsilydys.

78. Ant grotelių keptas sūris su rūkyta kalakutiena ir avokadu

Išeiga: 1 porcija

Ingridientai:

- 3 uncijos nenugriebto pieno mocarela
- ½ tvirtai prinokusio Kalifornijos avokado
- 2 šaukštų nesūdyto sviesto; suminkštėjo
- 4 griežinėliai Tvirtas pumpernikelis
- 1 valgomasis šaukštas Dižono garstyčių
- 6 uncijos Smulkiai pjaustyta rūkyta kalakutiena
- Galima paruošti per 45 minutes ar mažiau.

Kryptys

a) Vieną kiekvienos duonos riekelės pusę ištepkite sviestu ir apverskite riekeles.

b) Duonos riekeles užtepkite garstyčiomis, o ant viršaus 2 griežinėlius uždėkite mocarela, avokadu ir kalakutiena.

c) Kalakutieną pagardinkite druska ir pipirais, o ant viršaus uždėkite likusias 2 duonos riekeles sviestu pateptomis pusėmis į viršų.

d) Sunkią keptuvę įkaitinkite ant vidutinės ugnies, kol ji įkais, bet nerūks, ir kepkite sumuštinius, kol duona taps traški ir sūris išsilydys, maždaug 1,5 minutės iš kiekvienos pusės.

e) Patiekite sumuštinius su agurkų salotomis.

79. Ant grotelių kepta vištiena ant ožkos sūrio skrebučio

Išeiga: 1 porcija

Ingridientai:

- 125 gramai ožkos sūrio
- 1 skiltelė česnako; sutraiškytas
- Pusė citrinos; žievelės
- 50 gramų juodųjų alyvuogių; susmulkinti ir susmulkinti
- 1 vištienos krūtinėlė
- Alyvuogių aliejus
- 1 riekelė kaimiškos duonos
- Keletas plokščių petražolių lapelių
- 1 mažo askaloninio česnako; supjaustyti

Kryptys

a) Sumaišykite pirmuosius keturis ingredientus ir atidėkite.

b) Pagardinkite vištieną, aptepkite alyvuogių aliejumi ir kepkite ant grotelių 6-8 minutes iš kiekvienos pusės arba kol iškeps.

c) Iškepkite duoną ant grotelių ir užtepkite ant sūrio mišinio. Supjaustykite vištieną ir išdėliokite ant viršaus.

d) Galiausiai įmeskite petražoles ir askaloninius česnakus į šiek tiek alyvuogių aliejaus ir išdėliokite ant viršaus.

80. Ant grotelių kepto sūrio-čipoto sumuštinis

Išeiga: 2 porcijos

Ingridientai:

- 4 riekelės Baltos arba kvietinės duonos
- 2 arbatiniai šaukšteliai čili pipirų tyrės
- 5 uncijos Sūris – susmulkintas arba plonai
- 1 prinokęs pomidoras – griežinėliais
- Smulkiai pjaustytas raudonasis svogūnas
- Kalendros lapai – stambiai
- Sukapoti
- Minkštas sviestas

Kryptys

a) KIEKVIENĄ DUONOS RŪŠELĮ SUTEPKITE plonu čili tyrės sluoksniu arba daugiau, jei sumuštinis mėgstate labai karštą.

b) Apatinį griežinėlį uždenkite sūrio sluoksniu, pomidorų ir svogūnų griežinėliais ir kiek norite kalendros. Ant viršaus uždėkite antrą duonos riekę ir patepkite ją sviestu.

c) Sumuštinį sviestine puse žemyn įdėkite į ketaus keptuvę. Viršutinį duonos gabalėlį taip pat ištepkite sviestu ir lėtai kepkite sumuštinį.

d) Kai dugnas taps auksinis, apverskite ir kepkite iš kitos pusės. Uždengę keptuvę, sūris išsilydys, kol duona bus traški ir auksinė.

e) Valgyk iš karto.

83. Ant grotelių keptos dvigubo sūrio įdaru vištienos krūtinėlės

Išeiga: 4 porcijos

Ingridientai:

- 3 uncijos grietinėlės sūris, suminkštintas
- ½ puodelio trupinto mėlynojo sūrio
- ¼ puodelio kapotų graikinių riešutų
- 3 šaukštai česnako, padalinti
- ¾ arbatinio šaukštelio pipirų, padalintų
- 8 Vištienos krūtinėlė be kaulų, be odos
- ½ stiklinės sviesto
- 1 skiltelė Česnako, didelė, susmulkinta

Kryptys

a) Sumaišykite sūrius, graikinius riešutus, 1 valgomąjį šaukštą česnako ir ¼ arbatinio šaukštelio pipirų; atidėti. Vištienos krūtinėles susmulkinkite iki vienodo storio, maždaug ¼ colio.

b) Apytiksliai 1 valgomąjį šaukštą sūrio mišinio paskleiskite 4 vištienos krūtinėlės puselių centre, palikdami ½ colio kraštelį iš visų pusių; pasilik likusį sūrio mišinį.

c) Ant viršaus uždėkite likusias krūtinės puseles.

d) Saugiai užsandarinkite kraštus sumušdami mėsos trintuvu. Mažame puode sumaišykite sviestą, česnaką, likusius 2 šaukštus česnako ir $\frac{1}{2}$ arbatinio šaukštelio pipirų. Kaitinkite ant vidutinės-mažos, kol sviestas išsilydys. Nuimkite nuo ugnies. Vištieną gausiai aptepkite sviesto mišiniu.

e) Padėkite vištieną ant grotelių ant vidutinių anglių; kepkite ant grotelių neuždengtą 12–16 minučių, vieną kartą apversdami arba tol, kol vištiena iškeps ir išsiskirs sultys.

f) Pasibaigus kepimo laikui, ant kiekvienos porcijos uždėkite po šaukštelį likusio sūrio mišinio. Patiekite iš karto.

84. Ant grotelių kepta jautienos filė su pelėsiniu sūriu

Išeiga: 4 porcijos

Ingridientai:

- 3-4 uncijos mėlynojo sūrio, sutrupintas
- 6 Kiaušinių tryniai
- 1 arbatinis šaukštelis Emeril's Worcestershire
- Padažas
- 1 citrinos sultys
- Druska ir krekingo juoda
- Pipirai
- ½ puodelio riebios grietinėlės
- 6 (8 uncijos) jautienos filė
- 2 šaukštai alyvuogių aliejaus
- Esmė
- 1½ svaro naujų bulvių, supjaustytų ketvirčiais
- 1 sviestas (8 šaukštai)
- Kubeliais
- Druska, pagal skonį
- ½ puodelio riebios grietinėlės

- 1 svaras traškios šoninės, susmulkintos
- ½ stiklinės grietinės
- 3 puodeliai Emeril's Homemade
- Worcestershire padažas
- Seka
- 2 šaukštai pjaustytų žaliųjų svogūnų

Kryptys

a) Virtuviniame kombaine su metaliniais peiliukais maždaug 2 minutes sutrinkite sūrį, trynius, Vusterio padažą ir 1 citrinos sultis iki vientisos masės. Pagardinkite druska ir maltais pipirais.

b) Įjungus mašiną, lėtai įpilkite ½ puodelio grietinėlės ir maišykite iki aksominės ir kreminės masės.

c) Jei sūris neturi juostelės konsistencijos, įpilkite dar šiek tiek grietinėlės. Abi filė puses pagardinkite po 1 šaukštą alyvuogių aliejaus, druska ir maltais juodaisiais pipirais. Didelėje keptuvėje įkaitinkite likusį alyvuogių aliejų.

d) Kai aliejus įkaista, apkepkite filė iš visų pusių 2 minutes. Išimkite filė iš keptuvės ir sudėkite ant kepimo skardos, išklotos pergamentu.

e) Ant kiekvienos filė uždėkite šaukštą sūrio. Įdėkite filė į orkaitę ir kepkite 8–10 minučių, kad būtų vidutinio dydžio. Sudėkite bulves į puodą ir užpilkite vandeniu. Pagardinkite vandenį druska. Užvirinkite skystį ir sumažinkite iki silpnos ugnies.

f) Virkite bulves, kol suminkštės, apie 10 minučių. Nukelkite bulves nuo ugnies ir nusausinkite. Sudėkite bulves atgal į keptuvę.

g) Padėkite keptuvę atgal ant viryklės, ant vidutinės ugnies ir maišykite bulves 1 minutę, taip nuo bulvių pašalinsite vandens perteklių. Sudėkite sviestą ir grietinėlę. Pagardinkite druska ir pipirais. Bulves sutrinkite iki šiek tiek vientisos masės. Šoninę ir grietinę supilkite į bulvių košę.

h) Jei reikia, pagardinkite bulves. Norėdami patiekti, supilkite bulves kiekvienos lėkštės centre. Išdėliokite filė tiesiai ant bulvių. Ant kiekvienos filė užpilkite likusį padažą iš keptuvės. Ant kiekvienos filė užpilkite Vusterio padažo. Papuoškite žaliais svogūnais.

85. Ant grotelių kepti vaiduoklio ir moliūgo sūrio sumuštiniai

Išeiga: 16 porcijų

Ingridientai:

- 16 riekelių Balta arba viso grūdo duona
- 8 riekelės Baltojo sūrio, pavyzdžiui, Džeko
- 4 didelės juodosios alyvuogės be kauliukų
- 8 riekelės Čedaro sūrio
- 1 skardinė pjaustytų juodųjų alyvuogių
- 4 didelės žalios alyvuogės be kauliukų
- 12 Pimento griežinėlių

Kryptys

a) Į 1 duonos riekę įspauskite „ghost" sausainių pjaustytuvą. Nuplėškite ir išmeskite duonos perteklių aplink pjaustytuvą; atidėkite vaiduoklio formos duonos gabalėlį į šalį. Pakartokite su dar 7 duonos riekelėmis. Naudodami moliūgų sausainių formelę, likusią duoną supjaustykite moliūgų formomis.

b) Skrudinkite „vaiduoklius" ir „moliūgus" po broileriu iki auksinės rudos spalvos, maždaug 1 minutę. Apverskite ir pakartokite kitoje pusėje.

c) Išimkite duoną iš orkaitės ir atidėkite į šalį. Naudodami vaiduokliška sausainių formelę iš balto sūrio griežinėlių išpjaukite 8 vaiduoklio formas. Mažu aštriu peiliu kiekvienoje baltojo sūrio gabalėlyje išpjaukite dvi skylutes akims. Įsitikinkite, kad „akys" yra pakankamai didelės, kad liktų atviros, kai sūris ištirps. Juodąsias alyvuoges perpjaukite per pusę išilgai.

d) Uždėkite ant vaiduoklio duonos riekelių ten, kur nukryps vaiduoklių akys. Ant alyvuogių ant 1 vaiduoklio duonos riekelės su skylutėmis uždėkite 1 vaiduoklio formos baltojo sūrio gabalėlį. Pakartokite su likusia duona vaiduokliu ir baltu sūriu.

e) Moliūgų sausainių formele iš apelsinų sūrio griežinėlių išpjaukite 8 moliūgų formas. Į kiekvieną sūrio gabalėlį išpjaukite 2 skylutes akims ir burną. Moliūgų duonos riekelių paviršių padenkite kapotomis juodosiomis alyvuogėmis. Žalias alyvuoges perpjaukite per pusę išilgai.

f) Uždėkite vieną žalios alyvuogės griežinėlį ant stiebo ir nupjaukite, kad tilptų. Ant duonos ir alyvuogių uždėkite apelsinų sūrio. Įdėkite pimento griežinėlius į burnos angą.

g) Visus sumuštinius dėkite ant kepimo skardos ir padėkite po broileriu, kol sūris šiek tiek išsilydys, 1-2 minutes. Išeiga 16 sumuštinių.

86. Ant grotelių keptas ožkos sūris šviežiuose vynuogių lapuose

Išeiga: 16 porcijų

Ingridientai:

- 16 didelių jaunų šviežių vynuogių lapų
- (arba vynuogių lapai, supakuoti į sūrymą)
- 1 svaras trapus ožkos sūrio, pavyzdžiui, Montrachet
- ½ puodelio aukščiausios kokybės pirmojo spaudimo alyvuogių aliejaus; pliusas
- 1 valgomasis šaukštas aukščiausios kokybės pirmojo spaudimo alyvuogių aliejaus
- Šviežiai malti juodieji pipirai

Kryptys

a) Šviežius vynuogių lapus pamirkykite lediniame vandenyje bent 30 minučių. Prieš naudojimą išdžiovinkite. Jei naudojate, nuplaukite sūryme supakuotus lapus ir nusausinkite.

b) Sutrinkite sūrį ir 1 šaukštą aliejaus. Atidėti. Pašalinkite stiebus nuo vynuogių lapų.

c) Supilkite likusį ½ puodelio aliejaus ant seklios lėkštės. 1 lapo apačia pamerkite į aliejų. Padėkite lapą alyvuota puse į viršų ant darbinio paviršiaus. Į lapų centrą įdėkite 1 valgomąjį šaukštą sūrio mišinio ir pagardinkite gausiai maltais pipirais.

d) Užlenkite lapo šonus ir viršutinius bei apatinius galus ant sūrio, kad susidarytų kvadratas. Padėkite siūlę puse žemyn ant švarios lėkštės. Pakartokite su likusiais lapais.

e) Kepkite ant grotelių ant vidutinio karštumo žarijų, siūle žemyn, kol lapai nebebus ryškiai žali ir gražiai nubrozdins, maždaug 2 minutes. Apverskite ir kepkite kitą pusę apie 2 minutes. Arba kepkite šalia šilumos šaltinio. Išeina 16 lapų.

87. Itališkas ant grotelių keptas sūris

Išeiga: 4 porcijos

Ingridientai:

- 4 riekelių itališkos duonos; 1 colio storio
- 4 riekelės Mozzarella sūrio arba provolone sūrio
- 3 Kiaušiniai
- ½ puodelio Pieno
- ¾ arbatinio šaukštelio itališkų prieskonių
- ½ arbatinio šaukštelio česnako druskos
- ⅔ puodelis itališkais prieskoniais pagardintų duonos trupinių

Kryptys

a) Kiekvienoje duonos riekėje išpjaukite 3 colių kišenę; į kiekvieną kišenę įdėkite po gabalėlį sūrio. Dubenyje išplakti kiaušinius, pieną, itališkus prieskonius ir česnakinę druską; pamirkykite duoną po 2 minutes iš kiekvienos pusės. Aptepkite duonos trupiniais.

b) Kepkite ant riebalais išteptos karštos keptuvės iki auksinės rudos spalvos iš abiejų pusių.

88. Atviro paviršiaus sūrio ir pomidorų sumuštinis

Išeiga: 3 porcijos

- 3 riekelės ekologiškos duonos 1 colio storio gabalėliais
- 1 pomidoras; supjaustytas 1/2 colio storio
- 6 riekelių baltojo čederio sūrio; supjaustyti trikampiais
- Druska; paragauti
- Šviežiai maltų juodųjų pipirų; paragauti

Kryptys

a) Duonos gabalėlius paskrudinkite skrudintuvo orkaitėje. Ant duonos riekelių uždėkite čederio sūrio.

b) Skrudinkite juos orkaitėje, kol sūris išsilydys.

c) Ant viršaus uždėkite sūrio su pomidorų griežinėliais. Pagardinkite druska ir pipirais pagal skonį. Tarnauti. Padaro 3 atvirus sumuštinius.

89. Raugas, pomidorai, raudonasis ir mėlynasis sūris

Išeiga: 4 porcijos

Ingridientai:

- 1 didelis raudonas jautienos kepsnys pomidoras; supjaustyti
- 1 didelio geltonojo jautienos kepsnio pomidoro; supjaustyti
- 1 didelio raudonojo Bermudų svogūno; supjaustyti
- ¼ puodelio alyvuogių aliejaus
- 2 šaukštai sauso raudonėlio
- Druska; paragauti
- Šviežiai maltų juodųjų pipirų; paragauti
- 1 sumuštinis su raugu; supjaustyti
- Sviestas; kambario temperatūroje
- 2 šaukštai šviežių rozmarinų lapelių; susmulkinti
- Šviežiai malti juodieji pipirai
- 1 nedidelė rukolos lapų kekė; gerai nuplautas
- 8 uncijos mėlynojo sūrio; subyrėjo

Kryptys

a) Pomidorus ir svogūnų griežinėlius aptepkite aliejumi, pabarstykite raudonėliais ir pagardinkite druska bei pipirais. Daržoves greitai apkepkite ant grotelių iš abiejų pusių, kol gražiai apskrus. Skrudintuve arba po broileriu paskrudinkite raugo griežinėlius.

b) Skrebučius patepkite švelniu minkšto sviesto sluoksniu, sviestu pateptą duoną pabarstykite smulkintu rozmarinu ir lengvai pabarstykite juodaisiais pipirais.

c) Sumuštinius gaminkite ant pusės skrudintos tešlos griežinėlių sluoksniuodami rukolos lapelius, ant grotelių keptą pomidorą ir svogūną. Neužpildytos duonos rezervuokite sumuštinių viršūnėms. Daržoves užtepkite susmulkintu pelėsiniu sūriu ir greitai paleiskite atvirus sumuštinius po broileriu.

d) Ant viršaus uždėkite kitą skrudintos duonos riekę ir patiekite.

90. Portobello Po'Boys

Padaro 4 berniukus

Ingridientai:

- 3 šaukštai alyvuogių aliejaus
- 4 Portobello grybų dangteliai, lengvai nuplauti, nusausinti ir supjaustyti 1 colio gabalėliais
- 1 arbatinis šaukštelis Cajun prieskonių
- Druska ir šviežiai malti juodieji pipirai
- 1/4 stiklinės veganiško majonezo
- 4 traškūs sumuštinių suktinukai, perpjauti per pusę horizontaliai
- 4 griežinėliai prinokusių pomidorų
- 11/2 stiklinės susmulkintų romėnų salotų
- Tabasco padažas

Kryptys

a) Didelėje keptuvėje ant vidutinės ugnies įkaitinkite aliejų. Sudėkite grybus ir kepkite, kol paruduos ir suminkštės, apie 8 minutes.

b) Pagardinkite Cajun prieskoniais ir druska bei pipirais pagal skonį. Atidėti.

c) Kiekvieno ritinėlio nupjautas puses ištepkite majonezu.

d) Ant kiekvieno vyniotinio dugno dėkite po pomidoro griežinėlį, ant viršaus uždėkite susmulkintų salotų lapų. Ant viršaus išdėliokite grybų gabalėlius, pagal skonį pabarstykite Tabasco, uždėkite kitą vyniotinio pusę ir patiekite.

91. Nešvarūs Bulgur sumuštiniai

Padaro 4 sumuštinius

Ingridientai:

- 1¾ stiklinės vandens
- 1 puodelis vidutinio malimo bulguro
- Druska
- 1 valgomasis šaukštas alyvuogių aliejaus
- 1 mažas raudonasis svogūnas, susmulkintas
- 1/2 vidutinės raudonosios paprikos, maltos
- (14,5 uncijos) gali sutrinti pomidorai
- 1 valgomasis šaukštas cukraus
- 1 valgomasis šaukštas geltonųjų arba aštrių rudųjų garstyčių
- 2 arbatinius šaukštelius sojos padažo
- 1 arbatinis šaukštelis čili miltelių
- Šviežiai malti juodieji pipirai

- 4 sumuštinių suktinukai, perpjauti per pusę horizontaliai

Kryptys

a) Dideliame puode ant stiprios ugnies užvirinkite vandenį. Įmaišykite bulgurą ir lengvai pasūdykite vandenį. Uždenkite, nukelkite nuo ugnies ir atidėkite, kol bulguras suminkštės ir susigers vanduo, maždaug 20 minučių.

b) Tuo tarpu didelėje keptuvėje ant vidutinės ugnies įkaitinkite aliejų. Įdėkite svogūną ir papriką, uždenkite ir kepkite, kol suminkštės, maždaug 7 minutes. Įmaišykite pomidorus, cukrų, garstyčias, sojos padažą, čili miltelius, druską ir juoduosius pipirus pagal skonį. Troškinkite 10 minučių, dažnai maišydami.

c) Šaukštu uždėkite bulgur mišinio ant kiekvieno ritinėlio apatinės pusės, ant viršaus uždėkite kitą pusę ir patiekite.

92. Muffaletta sumuštiniai

Padaro 4 sumuštinius

Ingridientai:

- 1 puodelis kapotų kalamata alyvuogių be kauliukų
- 1 puodelis kapotų pimiento įdarytų žalių alyvuogių
- 1/2 puodelio kapotų pepperoncini (marinuotų paprikų)
- 1/2 stiklinės skrudintų raudonųjų paprikų
- 2 šaukštai kaparėlių
- 3 žalieji svogūnai, susmulkinti
- 3 slyviniai pomidorai, supjaustyti
- 2 šaukštai maltų šviežių petražolių
- 1/2 arbatinio šaukštelio džiovinto mairūno
- 1/2 arbatinio šaukštelio džiovintų čiobrelių

- 1/4 stiklinės alyvuogių aliejaus
- 2 šaukštai baltojo vyno acto
- Druska ir šviežiai malti juodieji pipirai
- 4 traškūs sumuštinių suktinukai, perpjauti per pusę horizontaliai

Kryptys

a) Vidutiniame dubenyje sumaišykite kalamata alyvuoges, žaliąsias alyvuoges, pepperoncini, raudonuosius pipirus, kaparėlius, žaliuosius svogūnus, pomidorus, petražoles, mairūnus, čiobrelius, aliejų, actą ir druską bei juoduosius pipirus pagal skonį. Atidėti.

b) Ištraukite dalį sumuštinių suktinukų vidinės pusės, kad atsirastų vietos įdarui. Šaukštu supilkite įdaro mišinį į apatinę ritinėlių pusę, lengvai pakuokite. Uždėkite likusias vyniotinio puseles ir patiekite.

GARNYRAI

93. Pomidorų sriuba

Tarnauja 4

Ingridientai:

- 1 valgomasis šaukštas sviesto
- 1 svogūnas, susmulkintas
- 1 skiltelė česnako, susmulkinta
- 1 ½ šaukštelio miltų
- 3 puodeliai vištienos arba daržovių sultinio
- 14 uncijų konservuotų pomidorų
- 1 lauro lapas
- Druska
- Juodasis pipiras
- 2 šaukštai bazilikų pesto
- 1-2 šaukštai riebios grietinėlės
- 8-12 lapelių šviežio baziliko, smulkiai suplėšytų

Kryptys

a) Ištirpinkite sviestą dideliame puode su storu dugnu, tada suberkite svogūną ir česnaką ir švelniai pakepinkite ant vidutinės-mažos ugnies, kol jie suminkštės ir pasislenks į auksinę spalvą, bet neparus.
b) Pabarstykite miltus ir virkite maišydami apie 1 minutę, tada supilkite sultinį ir sudėkite pomidorus su jų sultimis, taip pat lauro lapą, druską ir pipirus pagal skonį. Užvirinkite, sumažinkite ugnį iki minimumo, uždenkite keptuvę ir švelniai troškinkite 15–20 minučių.
c) Išimkite lauro lapą ir išmeskite. Su kiaurasamčiu į virtuvinį kombainą arba trintuvą pašalinkite sriubos kietąsias medžiagas ir sutrinkite, įpilkite tiek skysčio, kiek reikia, kad mišinys būtų vientisas. Grąžinkite tyrę į puodą, maišydami, kad susimaišytų su likusiu skysčiu.
d) Pašildykite, suberkite pesto, paragaukite prieskonių ir patiekite. Kiekvieną dubenį papuoškite šlakeliu grietinėlės arba crème fraîche gabalėliu ir šviežių baziliko lapelių.

94. Cukinijų ir vasarinių moliūgų duona

Padaro apie 4 litrų stiklainius

Ingridientai:

- Visiškai skanus su amerikietiškais vasaros patiekalais, pavyzdžiui, ant grotelių keptais mėsainiais ar lydytu tunu.

- 4–5 svarai cukinijų arba vasarinių moliūgų (bet kokio dydžio), supjaustytų $\frac{1}{4}$–$\frac{1}{2}$ colio griežinėliais arba gabalėliais

- 6 balti svogūnai, supjaustyti išilgai

- 1 žalia paprika, susmulkinta

- 1 raudona paprika, susmulkinta

- 5 skiltelės česnako, supjaustytos

- $\frac{1}{2}$ stiklinės rupios druskos

- Maždaug 3 puodeliai stambiai įtrūkusio ledo

- 5 puodeliai supakuoto rudojo cukraus

- 3 puodeliai sidro acto

- 3 šaukštai garstyčių sėklų

- 1 valgomasis šaukštas ciberžolės

- 1 valgomasis šaukštas salierų sėklų

Kryptys

a) Dideliame, nereaguojančiame dubenyje ar puode sumaišykite cukinijas, svogūnus, papriką ir česnaką su druska ir ledu. Gerai išmaišykite ir palikite pastovėti 3 valandas. Nupilkite skystį nuo daržovių.

b) Sunkiame, dideliame, nereaguojančiame puode sumaišykite nusausintas daržoves su ruduoju cukrumi, sidro actu, garstyčių sėklomis, ciberžole ir salierų sėklomis.

c) Kartu pakaitinkite tik iki užvirimo. Supilkite į sterilizuotus stiklainius ir uždarykite pagal indelių nurodymus.

95. Saldžiarūgščiai skrudinti pipirai

Padaro apie 2 puodelius

Ingridientai:

- 3 raudonos paprikos arba 2 raudonos ir 1 geltona paprika
- Apie 2 šaukštus švelnaus baltojo arba raudonojo vyno acto
- 1 skiltelė česnako, susmulkinta
- 1 arbatinis šaukštelis cukraus Druska

Kryptys

a) Paprikas paskrudinkite ant atviros ugnies ant dujinės viryklės arba po broileriu.
b) Padėkite pipirus prie šilumos šaltinio ir kepdami apverskite, kad tolygiai sudegtų.
c) Nukelkite paprikas nuo ugnies ir sudėkite į plastikinį maišelį arba dubenį. Sandariai uždarykite arba uždenkite ir palikite garuoti mažiausiai 30 minučių; garai atskirs odelę nuo paprikos minkštimo. Paprikos gali būti paliktos maišelyje ar dubenyje iki nakties.
d) Nulupkite ir išmeskite juodai sudegusią paprikų odelę, tada pašalinkite stiebus ir

sėklas. Nuplaukite nuo minkštimo daugumą mažų juodos apanglėjusios medžiagos gabalėlių, padėdami jas po tekančiu vandeniu ir šen bei ten patrindami. Puikiai tinka kelios pajuodusios odos dėmės, taip pat likusios nenuluptų pipirų vietos.

e) Supjaustykite paprikas ir sudėkite į dubenį su actu, česnaku, cukrumi, dideliu žiupsneliu druskos ir maždaug 1 šaukštu vandens. Sandariai uždenkite ir atvėsinkite bent vieną dieną.

96. Čatnio-kario garstyčios

Padaro ½ puodelio

Ingridientai:

- ¼ puodelio švelnių Dižono arba viso grūdo garstyčių su 1 puodeliu mangų čatnio
- ½ arbatinio šaukštelio kario miltelių

Kryptys

a) Viską sujungti.
b) Mėgautis.

97. Garstyčios su askaloniniais česnakais ir česnakais

Padaro ¼ puodelio

Ingridientai:

- ¼ puodelio švelnių Dižono garstyčių
- 1-2 askaloniniai česnakai, smulkiai pjaustyti
- 2 šaukštai kapotų šviežių česnakų

Kryptys

c) Viską sujungti.
d) Mėgautis.

98. Šviežios imbierinės garstyčios

Padaro apie ¼ puodelio

- 2 šaukštai švelnių Dižono garstyčių
- 2-3 šaukštai viso grūdo garstyčių
- 1-2 arbatiniai šaukšteliai šviežiai tarkuoto nulupto imbiero pagal skonį

Kryptys

a) Viską sujungti.
b) Mėgautis.

99. Saulės mirkytos garstyčios su citrusiniais vaisiais

Padaro apie ¼ puodelio

Ingridientai:

- ¼ puodelio švelnių Dižono garstyčių
- ½ arbatinio šaukštelio smulkiai tarkuotos citrinos arba laimo žievelės
- 1-2 arbatiniai šaukšteliai šviežių citrinų arba laimo sulčių

Kryptys

a) Viską sujungti.
b) Mėgautis.

100. Provanso garstyčios su raudonaisiais pipirais ir česnaku

Padaro apie ¼ puodelio

Ingridientai:

- 3 šaukštai švelnių Dižono garstyčių
- 1 valgomasis šaukštas smulkiai pjaustytų skrudintų raudonųjų pipirų
- 1 skiltelė česnako, smulkiai pjaustyta
- Didelis žiupsnelis Provanso žolelių

Kryptys

a) Viską sujungti.
b) Mėgautis.

IŠVADA

Kuklus ant grotelių keptas sūris yra vienas iš tų maisto produktų, kuriuos branginame vaikystėje, bet niekada negalvojame, kodėl jis taip stipriai valdo mūsų skonio receptorius. ... tai dėl 5-ojo skonio, umami, o ypač aminorūgšties, kuri kutena mūsų skonio pumpurus, kad pajustume nepakartojamą ant grotelių kepto sūrio sumuštinio skonį!

www.ingramcontent.com/pod-product-compliance
Lightning Source LLC
Chambersburg PA
CBHW070504120526
44590CB00013B/746